F Ilex

Vor Strassburg : Erinnerungen aus dem Jahre 1870

F Ilex

Vor Strassburg : Erinnerungen aus dem Jahre 1870

ISBN/EAN: 9783744618366

Hergestellt in Europa, USA, Kanada, Australien, Japan

Cover: Foto ©ninafisch / pixelio.de

Weitere Bücher finden Sie auf **www.hansebooks.com**

Vor Straßburg.

Erinnerungen aus dem Jahre 1870.

Von

F. Ilex.

Straßburg i. Els.
C. F. Schmidt's Universitäts-Buchhandlung.
1895.

Druck von M. DuMont-Schauberg, Straßburg.

Am 15. August 1870 hatten wir nach anstrengendem Marsche bei bewölktem Himmel und dadurch nur desto empfindlicherer Schwüle gegen Mittag Hagenau erreicht.

Reges militärisches Leben herrschte auf allen Straßen und Plätzen, war doch, teils gleichzeitig mit uns, teils schon Tags zuvor, eine Landwehrdivision eingetroffen, deren Mannschaften unser Einmarsch an alle Fenster lockte. Ein Unterbringen der Truppen war daher mit Schwierigkeiten verknüpft, sodaß die Quartiermacher alle Hände voll zu thun hatten, berechtigten und unberechtigten Anforderungen jeder Art zu genügen.

Nach der üblichen Revision der für meinen Zug bestimmten Quartiere und entsprechender Meldung an den bis dahin auf dem Alarmplatz verbliebenen Compagniechef konnte endlich auch ich mein Quartier in Augenschein nehmen. Eine Fuhrmannskneipe in des Wortes verwegenster Bedeutung winkte dem Ermüdeten. Schon wartete der treue Bursche mit dem Koffer an der Thüre der Schänke, deren taubenschlagartiger Verkehr eine wenig verlockende Aussicht für die Verpflegung eröffnete.

Im Innern des Locals ging es wüst genug her. Der Wirt, eine schwammige Gestalt, die Zipfelmütze auf dem Kopf, hantirte, soweit es das etwas unsicher gewordene Untergestell erlaubte, eil= fertig unter den Gästen umher, während die schon etwas abge= takelt aussehende Frau Wirtin ihres Amtes hinter dem Büffet waltete.

Mein Eintritt mit Burschen und Koffer blieb völlig un= beachtet, ebenso mein leichter Gruß nebst Bitte um Anweisung des Quartiers, unter Vorweisung des betreffenden Quartierzettels. Madame beliebten mich vollständig zu übersehen und erteilten über unsere Köpfe hin mit großer Gemütsruhe alle möglichen anderen Befehle.

„Die Welt war damals harmlos noch", und die gute Er= ziehung zu sehr in Fleisch und Blut übergegangen, um mich so= fort in der starren Form der Forderung meine Wünsche kundgeben zu lassen. Allerdings genügten einige Erfahrungen der Art, um die im weiteren Verlauf des Feldzuges stets als unfehlbar sich erweisende „strenge Form" von nun an überall in Anwendung zu bringen.

Vorerst belustigte mich die hoheitsvolle Miene, mit der Madame meine Anwesenheit, trotz allen äußerlichen Ignorirens, so zu sagen „markirte".

Als jedoch auch die dritte Bitte, wenn auch in energischerem Tone wiederholt, erfolglos blieb, sollte ein plötzliches Anrufen des alten Donnergottes — wenn auch im Vergleich zu seinen Gewalten in sehr abgeschwächter Form — um so wirkungsvoller sein.

In einem Nu waren Madame sämtliche Sinne zurückgegeben. Sie hatte Augen zu sehen, Ohren zu hören, Organe zum Sprechen — kurz es vollzog sich ein Wunder! — oder thue ich der Frau unrecht? War ich, wie weiland einer der Olympischen, in der verhüllenden Wolke erschienen? War diese Wolke plötzlich verschwunden, und stand der Gott nun erst in seiner ganzen Hoheit vor den staunenden Augen der Sterblichen?

Ein Gefühl der Bescheidenheit läßt mich lieber das Wunder an der Frau sich vollziehen, denn mit einem Olympier hatte der staubbedeckte, mit Tornister und Regenmantel behängte junge Officier wohl nicht die entfernteste Aehnlichkeit.

Sei dem nun, wie ihm wolle, jedenfalls erhielt ich nunmehr mein Zimmer, und auf die weitere Frage nach der Verpflegung eine Anweisung zum Essen in einem anderen, besseren Gasthofe ausgehändigt.

Nach einem, in dem überfüllten „Wilden Mann" (Au Sauvage) — dies war das angegebene Hotel, wo ich auch meinen Compagniechef traf — in Eile eingenommenen späten Mittagbrot, begaben wir uns nach einem kleinen Spazirgange durch die Stadt, der bis zum Bahnhofe ausgedehnt wurde, frühzeitig zur Ruhe.

Der folgende Vormittag — 16. August — wurde der Instandsetzung der Bekleidung, besonders des Schuhzeugs, gewidmet, und schloß mit dem üblichen Appell vor der Wohnung des Compagniechefs.

Nachmittags erhielt ich in Ausführung eines allgemein gegebenen Befehls den Auftrag, die Häuser in einigen genau vorgezeichneten Straßen nach unverwundeten Mannschaften der feindlichen Armee abzusuchen, da das Gerücht ging, daß Versprengte aus der Schlacht von Wörth von den Einwohnern versteckt gehalten würden; eine Annahme, die sich weit über Erwarten bestätigen sollte, indem diese Razzia nicht nur eine beträchtliche Anzahl unverwundeter französischer Soldaten, sondern auch gleichzeitig das Resultat ergab, daß viele überfeine Köpfe sich durch Aushängen der Genfer Flagge oder durch Anbringung von Zetteln mit der Inschrift „petites véroles" von der Einquartierungslast zu befreien versucht hatten. Alle diese erfinderischen Egoisten, die sich auf Kosten ihrer Mitbürger von der Erfüllung einer allerdings drückenden Pflicht zu befreien gedachten, erhielten vom selben Tage an doppelte Ein=quartierung.

Abends sollte ich die Freude haben, einen Jugendfreund, den ich seit Jahren nicht gesehen, wieder zu begrüßen, und unvergeß=liche Stunden in Austausch alter Erinnerungen, gehoben durch die Weihe der Gegenwart, durch den verheißungsvollen Blick auf die nächste Zukunft, mit ihm zu durchleben.

Es wurde spät und später bei diesem traulichen Zusammen=sitzen, und Mitternacht war längst vorüber, als wir den letzten Händedruck miteinander wechselten.

Durch die leeren Gassen suchte ich mein Quartier, um mich sorg= und traumlos dem tiefsten Schlaf in die Arme zu werfen, da für den nächsten Tag noch kein besonderer Befehl ausgegeben und somit ein weiterer Ruhetag wahrscheinlich war.

Da — ich mochte kaum eine Stunde geschlafen haben —, er=klangen die Töne des Alarmsignals in unmittelbarer Nähe meines Fensters.

Was hatte das zu bedeuten?

Die Armee Mac=Mahons war, wie bekannt, in vollem Rück=zuge nach der verlorenen Wörther Schlacht längst jenseits der Vogesen, bis Straßburg kein Feind, zudem die nächste Umgebung der Stadt durch Feldwachen gesichert!

In kürzester Zeit standen die Truppen marschbereit auf den Alarmplätzen. Der frostige Eindruck des dämmerigen Morgens, doppelt fühlbar für den etwas übernächtigen, nüchternen Magen, verlor sich bald in der Erregung des Augenblicks, in den auf= und abwogenden Fragen der in Gruppen zusammenstehenden Officiere.

Die Spannung sollte jedoch nicht lange dauern. Der Befehl des Generallieutenants v. Werder, welcher mit der badischen Feld=division bereits vor Straßburg stand, hatte das Regiment tele=graphisch zum schleunigsten Abmarsch nach der alten Rheinveste berufen, da anscheinend sichere Nachrichten die Annäherung des de Faillyschen Corps von Belfort her gemeldet hatten.

Außerhalb der Stadt, vor dem Betreten des großen Hagenauer Waldes, erfolgte der Befehl zum Laden der Gewehre, ein Moment wohl geeignet, den Ernst der Lage voll zur Geltung zu bringen, rückten wir doch nun aus der bisher innegehabten Reservestellung in die vorderste Linie.

Vorerst allerdings hatte der Marsch — abgesehen von den getroffenen Sicherheitsmaßregeln — noch ein verhältnismäßig fried=liches Gepräge, da wir noch auf Stunden von endlosen Heerden Schlachtvieh begleitet wurden.

Allmählich jedoch nahm die Sache einen anderen Charakter an. Zerschnittene Telegraphendrähte, aufgerissene Eisenbahn= schienen, verlassene Wärterhäuser, verödete, wie ausgestorben da= liegende Dörfer und vor allem der in unregelmäßigen Zwischen= räumen von Süden herübertönende Donner schwerer Geschütze, sowie die aus der Ebene schlank und leicht sich erhebende Spitze des Straßburger Münsters bewiesen uns, daß auch für uns nun= mehr die Stunde geschlagen habe, thätigen Anteil an dem großen Völkerkampfe zu nehmen.

Ueber Vendenheim, wo ein längerer Halt gemacht wurde, erreichten wir, Mundolsheim und Niederhausbergen passirend, gegen Mittag Oberhausbergen, wo enge Cantonnements bezogen, d. h. jedes Gehöft mit ungefähr 100 Mann belegt wurde.

Hier entwickelte sich bald ein buntes militärisches Treiben. Die Mannschaften, die sich trotz der Kürze des mobilen Verhält= nisses schon recht findig zeigten, hatten im Nu die Vorbereitungen zum Abkochen getroffen, das nötige Feuerungsmaterial sehr bald gefunden, und ebenso die kleinen Zuthaten an Gartenfrüchten entdeckt, um die von den Colonnen gelieferten Lebensmittel, als Fleisch, Reis und Kartoffeln, möglichst schmackhaft zu machen.

Der mit besonderen culinarischen Anlagen ausgestattete Premier= lieutenant der Compagnie hatte die Sorge für den Officiertisch übernommen, und seinem scharfen Blick entging nicht der wohl= bestallte Hühnerhof, dessen jüngster Nachwuchs sehr bald unter den Mordinstrumenten zweier, zur Unterstützung herangezogener Burschen verbluten sollten.

Wahrhaft komisch wirkte der Anblick des schon etwas bejahrten Herrn, als er mit steifem Rücken, in der Hand ein Messer, mit Riesenschritten hinter dem letzten Hähnchen herschritt, welches unter verzweiflungsvollen Anstrengungen, seinem Geschick zu entfliehen, durch die Behendigkeit seiner Bewegungen einen äußerst drolligen Gegensatz zu dem, bei allem Eifer, doch gemessenen Wesen seines Verfolgers bot.

Unterdessen war vor dem Hause der Tisch gedeckt worden, wozu die Quartierwirte Tischzeug und Geschirr geliefert, nachdem sie sich die Hähnchen tüchtig hatten bezahlen lassen. Die Reis= suppe mit Kartoffeln und klein geschnittenen Stücken Fleisch war vertilgt, sowie der größte Teil des in Scheiben gebratenen Rind= fleisches den vereinten Angriffen erlegen, als, begleitet von dem befriedigten Schmunzeln des, einen vollen Erfolg seiner Kochkunst voraussehenden Premierlieutenants, die Hähnchen — pro Mann ein Vogel — aufgetragen wurden.

Goldbraun, wie von Kraft strotzend, glänzten die Hähnchen auf der mit gerösteter Petersilie sinnig verzierten Schüssel, und nicht ohne eine gewisse Feierlichkeit begann jeder den ihm zugefallenen Teil zu zerlegen.

Einzelne, sehr Hungrige warteten die kunstgerechte Ver= kleinerung nicht erst ab, sondern begannen sofort mit dem Vertilgen.

Doch was ist das? — Der erste Bissen schmeckt nicht so, wie erwartet!

Auch der zweite, mehr dem Innern entnommene, will nicht munden, zeigt im Gegenteil die eigentümliche Abirrung vom Wohl= geschmack in noch erhöhtem Maße. Und — jetzt bricht auch von einer anderen Seite die Befremdung los, denn bei einem tieferen Schnitt entquillt der geöffneten Bauchhöhle ein nach Aussehen und Geruch nichts weniger als appetitlicher Saft.

„Himmel . . .! — mein Hähnchen ist gar nicht ausgenommen", ertönt es jetzt von der einen Seite, „und meines auch nicht" — „alle nicht!" ruft es halb ärgerlich, halb belustigt dazwischen, denn nur bei der Vernichtung von Sodom und Gomorrha mögen ähnliche Versteinerungen oder Versalzungen vorgekommen sein, wie sie nun das Antlitz unseres Oberkoches zeigte, der nicht nur seinen Ruf als Koch, sondern fast noch mehr den Verlust des, seit Stunden bereits im Gemüt bewegten, Leckerbissens zu be= trauern hatte.

Gegen Abend, als eben die ersten kühleren Luftzüge von den fast greifbar nahen Vogesen herabwehten, erhielt ich den Befehl, mit meinem Zuge die Verbindung mit den badischen Truppen, welche westlich von Straßburg stehen sollten, aufzusuchen und über Wolfisheim und Eckbolsheim möglichst nahe an die Festung heranzugehen.

Wolfisheim, dem wir uns von der Nordseite näherten, trafen wir vom 5. Badischen Regiment besetzt, welches sich dort unter dem Schutze der gegen die Festung vorgeschobenen Vortruppen möglichst gemütlich eingerichtet hatte. Zäune und Hecken waren mit Bekleidungsstücken behängt, während die Mannschaften in Drillichjacken wie im tiefsten Frieden teils auf den Straßen herumstanden, teils die Wirtshäuser bevölkerten. Unser unter Sicherheitsmaßregeln unternommenes Vorgehen gegen den Ort machte im Gegensatze zu den vollsten Frieden atmenden Zuständen, die wir antrafen, einen fast komischen Eindruck.

Von den badischen Kameraden auf's entgegenkommenste be= grüßt, nach dem Woher und Wohin gefragt und gleichzeitig be= lehrt, daß die äußersten Vortruppen bis jenseits Königshofen vor= geschoben seien, wurde der Weg durch Wolfisheim auf der Chaussee nach Eckbolsheim fortgesetzt. —

Hier hatte die ganze Lage ein viel kriegerischeres Ansehen.

Am „Roten Haus", am Schnittpunct der Eckbolsheimer Straße mit der Pariser Chaussee, trafen wir auf eine badische Feldwache, und erhielten die ausdrückliche Bestätigung, daß die badischen Patrouillen jenseits Königshofen bis an's Glacis der Festung streiften, und daß in der jüngst vergangenen Nacht ein — allerdings vergeblicher — Versuch gemacht worden sei, eines der Vorwerke zu überrumpeln. Gleichzeitig erfuhren wir von dem Tags zuvor — am 16. August — gegen Illkirch-Grafenstaden unternommenen Ausfall der Besatzung, welcher den Franzosen nicht unbeträchtliche Verluste und drei Feldgeschütze gekostet hatte.

. Der Auftrag war erfüllt, und nun hieß es, die ermüdeten Leute auf kürzestem Wege in die Quartiere zurück zu bringen. Also ein letztes Glas, ein letzter Händedruck, und nordwärts ging es, einem schlecht unterhaltenen Feldwege folgend, auf Oberhaus-bergen zu.

Die Nacht war inzwischen völlig hereingebrochen, und nun zeigte sich dem rückwärts schauenden Auge ein Bild von solch un-heimlichem Reiz, daß selbst die Mannschaft, welche um 3½ Uhr morgens alarmirt, am Vormittag bei schwüler Luft über sechs Stunden Marsch zurückgelegt hatte und jetzt wieder über zwei Stunden unterwegs war, alle Müdigkeit zu vergessen schien und wie gebannt stehen blieb.

Das also war der Krieg!

Im Osten der Himmel ein Feuermeer — das brennende Kloster „zum guten Hirten" —, rings um die Stadt im Süden, Westen und Norden rote Lohe brennender Gehöfte, Garten- und Landhäuser; und in Mitten dieses Grauses, scharf von dem ge-röteten Himmel sich abhebend, eng zusammen gedrängt, sich duckend hinter den Wällen, die altertümlich gegiebelten Häuser der Festung; und weiter hin, alles überragend, wie zum Schutze der heimischen Stadt drohend in das Vorgelände schauend, der gewaltige Stein-koloß — das Münster!

Was hatte dieser Boden nicht alles gesehen! Von Julianus Apostata an, der auf diesen Feldern dem Ansturm der Alemannen gewehrt, in jener letzten großen Siegesschlacht der römischen Waffen, bis zu den blutigen bischöflichen Fehden, bis zu den Kämpfen mit den Armagnaken; von den herandrängenden Wogen des Bauernkrieges, bis zu den Zuckungen der französischen Revolution!

Und was sollte ihm erst die nächste Zukunft bringen? —

Die Feuchtigkeit der Nacht — es war inzwischen spät ge-worden — mahnte jedoch zum baldigen Aufbruch und Weiter-marsch, der nun querfeldein, der allgemein nach den Sternen ge-merkten Richtung folgend, auf Oberhausbergen zu ging.

Dieſer erſte Verſuch eines improviſirten Kriegsmarſches, ohne
Berückſichtigung etwanigen Flurſchadens, ſollte ſich jedoch rächen.
Da kamen kleine Abhänge, tiefere Furchen, kleinere Rinnſale, und
vor allem kamen die vom Abendtau ſchweren Hanffelder — ein
Hindernis, das man einmal nimmt, d. h. durchwatet, beim zweiten
Male lieber ſelbſt auf den weiteſten Umwegen umgeht! Hätte
uns nicht der große Bär — das einzige bekannte Sternbild, das
an meinem damaligen Himmel ſtand — hin und wieder durch
das dunſtige Gewölk geleuchtet, wir hätten ſicher den Weg verfehlt
und wären nicht ſo geradeaus den Vorpoſten unſeres Füſilier=
Bataillons in die Gewehre gelaufen, wie es zu unſerem Glücke
endlich geſchah.

Dem militäriſchen Anruf folgte raſch eine um ſo herzlichere
Erkennungsſcene. In echtem Oberhausberger, der in den Koch=
geſchirren kreiſte, wurde noch einmal tüchtig Beſcheid gethan, und
dann war es Zeit, die Quartiere aufzuſuchen.

Das Dorf lag nun dicht vor uns; da wir jedoch dasſelbe
am ſüdweſtlichen Ausgange verlaſſen und nun am oberen, öſtlichen
Eingange wieder betreten hatten, war das Auffinden der Quartiere,
bei der Aehnlichkeit der einzelnen Häuſer, der Unbekanntſchaft mit
den Namen der Wirte, ſowie bei der herrſchenden Dunkelheit,
keine ganz leichte Aufgabe.

Nach einigem Hin= und Herſuchen gelang es jedoch, alle
Leute unter Dach und Fach zu bringen, und endlich, nachdem ich
meine Meldungen erledigt, die müden Glieder zu einer kurzen
Ruhe hinzulegen.

Am 18. Auguſt wurde es für uns ſchon früh Tag, da nach
den eingelaufenen Nachrichten eine franzöſiſche Diviſion von Belfort
aus zu erwarten war. Hatte ſich beim Generalcommando die
Unrichtigkeit dieſer Meldung auch inzwiſchen herausgeſtellt, ſo
wußten die Truppen doch noch nichts davon, und in der ſicheren
Erwartung, daß es heute zum Schlagen kommen würde, wurde
nur die notdürftigſte Morgentoilette gemacht.

Nach Beſichtigung von Gewehr= und Taſchenmunition traten
die Compagnieen am nördlichen Ausgange von Oberhausbergen
zuſammen, wo uns der Bataillonscommandeur in einer mehr gut
gemeinten, als redneriſch vollendeten Anſprache auf die Wichtig=
keit des heutigen Tages aufmerkſam machte. Die nötige rhetoriſche
Steigerung erhielt die Rede durch den Umſtand, daß die ſämt=
lichen Compagnieen den Aufenthalt im Dorfe benutzt hatten, um
ſich nach einem Gefährt für das Packpferd umzuſehen, deſſen Un=
zulänglichkeit für die Bedürfniſſe einer vereinzelt marſchirenden
Compagnie ſich bereits während des Marſches vom Rhein empfind=
lich bemerkbar gemacht hatte; eine Maßregel, die, als Eigen=

mächtigkeit der Compagnieen aufgefaßt, nicht ohne Rüge hingehen
konnte.

Wie alles in der Welt, so nahm auch diese Rede ein Ende,
und nun ging es frischen Mutes querfeldein — die veränderten
Dispositionen waren inzwischen bekannt geworden — durch den
tauigen Morgen — gegen die Festung gedeckt durch das gewellte
Gelände — nach dem Nordeingange von Hönheim.

Dort angelangt, wurde rechts der Straße aufmarschirt, die
Gewehre zusammengesetzt und die Helme abgelegt, deren glänzende
Beschläge uns sonst nur zu leicht dem Feinde verraten haben
würden.

In ahnungsvoller Erwartung ging es hierauf im Geschwind=
schritt auf der im hellsten Sonnenschein, aber mit ihren überall
geschlossenen Fensterläden wie ausgestorben daliegenden, völlig
menschenleeren Straße von Hönheim nach Bischheim.

Am Schnittpunct der Chaussee mit der Pfluggasse bog die
Compagnie links aus, folgte der letzteren und erreichte durch die
Hauptgasse die protestantische Kirche in Schiltigheim.

Von hier wurde, nach einem kurzen Halt zur Orientirung,
ein Teil der Compagnie zur Besetzung des durch die Bischheimer=
und Hausbergerstraße, sowie durch die Münchherrengasse gebildeten
Wegekreuzes entsendet, während der Rest in den Gebäuden und
dem Wirtschaftsgarten der Rosenstiehl'schen Brauerei (Weißer Hahn)
untergebracht wurde.

Auf dem ganzen Wege hatten sich die Spuren der feindlichen
Granaten wahrnehmen lassen. Durchschlagene Wände, zerschmetterte
Giebel, tiefe Schußnarben an Häusern und Fensterläden bewiesen,
abgesehen von dem immer kräftiger werdenden Kanonendonner, daß
unser Marsch „Granatenaufwärts" führte. Gleichzeitig machte sich
in der Richtung gegen die Stadt ein mehr rollendes, von In=
fanteriefeuer herrührendes Geräusch, welches jedoch mehr und mehr
erstarb, bemerkbar.

An der Kreuzung der Hauptgasse mit der Wehr= und Münch=
herrengasse — gegenüber der Wirtschaft „Zum Sternenberg" —
wie an dem Schnittpunct der letzteren mit der Bischheimerstraße
sah es noch kriegerischer aus. Hier waren von der badischen In=
fanterie über die ganze Straßenbreite Barrikaden erbaut, zu deren
Herstellung jedes erreichbare Material genommen worden war.
Leere Fässer, umgestürzte, oder der Räder entledigte, mit Erde
oder Mist beladene Wagen, Möbel u. s. w., kurz alles, was zur
Hand war, hatte herhalten müssen, während die Fenster der Eck=
häuser mit Matratzen und Brettern versetzt waren, um auch von
oben die Barrikaden bestreichen zu können.

Bei Tagesanbruch war nämlich der Feind, um die verab=

säumte Abholzung des Kirchhofes St. Helena noch jetzt aus=
zuführen, mit ungefähr 600 Mann aus dem Steinthor gegen
Schiltigheim vorgebrochen. Diesen Ausfall hatten drei badische
Compagnieen nach kurzem Feuergefecht, welches die Franzosen
25 Mann kostete, die zum Teil auf dem Gefechtsfelde zurück=
gelassen worden waren, abgewiesen. Die toten französischen
Soldaten, die ersten, die ich in diesem an Opfern so reichen Feld=
zuge zu Gesicht bekam, gehörten dem 87. Linienregiment an
und lagen, das Gesicht, von einer mitleidigen Feindeshand zu=
gedeckt, noch in den Nachmittagsstunden an der Bischheimerstraße.
Ihre Ruhestätte fanden sie, dicht neben ihren damaligen Feinden,
an der nordwestlichen Ecke des Schiltigheimer Friedhofes, wo sich
in nächster Nachbarschaft der deutschen Kriegergräber auch der von
der Gemeinde Schiltigheim den „Défenseurs de la Patrie" ge=
setzte Stein erhebt.

Da mein Zug, in Berücksichtigung des Patrouillenganges vom
vorhergehenden Abend, in die Reservestellung im Rosenstiehl'schen
Garten gekommen war, benutzte ich für meine Person die ver=
hältnismäßige Ruhe, mich in unserer Aufstellung wie überhaupt
im Vorgelände umzusehen.

Nach Ablösung der badischen Compagnieen standen die äußersten
Vorposten gedeckt hinter Mauern und Sträuchern bis an den süd=
lichen Ausgang von Schiltigheim vorgeschoben. Von hier aus
konnte man das ganze Gelände bis zur Festung frei übersehen,
wo eifrig am Ausbessern der Wälle und an der Herstellung von
Geschützemplacements gearbeitet wurde.

Das Ablösen unserer Posten, sowie das bloße Auslugen nach
der feindlichen Stadt war jedoch nicht ohne Gefahr, da die
Festung jeden einzelnen sichtbar werdenden Mann mit schweren
Geschützen begrüßte.

So hatten wir uns, der Officier des ersten Zuges und ich,
in dem hinter der Hauptstraße Nr. 72 (aux marroniers) gelegenen
Garten möglichst gedeckt nach dem kleinen Pavillon geschlichen, um
von da aus einen besseren Ueberblick zu gewinnen, als ein Schuß
vom Hauptwall aus so unmittelbar uns gegenüber abgefeuert
wurde, daß wir das Feuer aus dem Rohr schlagen sahen. Im
nächsten Moment krepirte ein mächtiges Geschoß mit ohrbetäubendem
Krachen dicht über unseren Köpfen. Ein Hagel von Eisen= und
Bleistücken raste vor, hinter und über uns hin, glücklicher Weise
ohne einen von uns zu treffen. Dagegen hatte sich das Ungetüm
einen Mann des Doppelpostens zum Opfer ausersehen, den wir
schwer verwundet, mit zerschmettertem Gewehr, besinnungslos, nur
wenige Schritte von uns liegen fanden und mit Hilfe des anderen
Postens möglichst rasch hinter einer Mauer in Sicherheit brachten.

Das war meine Feuertaufe, deren Dröhnen ich noch tagelang in den Ohren zu hören vermeinte!

In dem Rosenstiehl'schen Biergarten hatten sich meine Leute inzwischen häuslich eingerichtet. Da die Küchenräume nicht für dritthalbhundert Köpfe ausreichten, waren Kochlöcher ausgehoben, an welchen die Mannschaften die in der Zwischenzeit von den Colonnen empfangenen Lebensmittel zubereiteten. Unter Scherzen und Lachen wurde diese Beschäftigung, in welche sich unsere munteren Rheinländer sehr bald gefunden hatten, obgelegen. Das Bild selbst würde sich in nichts von jeder friedlichen Manöver= scene unterschieden haben, wenn sich nicht ab und zu ein unheim= liches Rauschen, dem fast unmittelbar darauf in größerer oder geringerer Entfernung ein scharfer Knall mit obligatem Ziegel= gerassel folgte, vernehmbar gemacht hätte. Mit der Zeit und unter dem, wenn auch ziemlich fragwürdigen Schutze der nach der Festung vorliegenden hohen Mauern gewöhnte man sich so an das Geräusch, daß, wenn der Ton nicht allzu nahe kam, kaum noch jemand den Kopf wendete.

Nach Einbruch der Dunkelheit erhielt ich den Befehl, mit einem Halbzug auf der Brumatherstraße bis in die Höhe des Kirchhofes St. Helena vorzugehen, während eine andere Feld= wache die Bischheimerstraße zu besetzen hatte.

In lautlosem Schweigen ging es die Hausbergerstraße ent= lang, wo die letzten Tagesposten gestanden hatten, auf der ver= ödeten, direct nach der Festung führenden Brumatherstraße dem Feinde entgegen.

Einzelne von den Franzosen schon vor Tagen in Brand ge= schossene Landhäuser, deren allmählich verglimmendes Feuer das helle Tageslicht nicht mehr hatte zur Geltung kommen lassen, leuchteten nun in der Dunkelheit mit grellem Scheine wieder auf. Ebenso färbte unter dem Feuer unserer Feldbatterien über dem westlichen Teile von Straßburg ein größerer Brand den nächt= lichen Himmel mit intensiver Glut.

Dem heißen Tage folgte eine empfindlich kühle Nacht, doppelt fühlbar, weil wegen der unmittelbaren Nähe der Festung weder Holz noch Stroh geliefert werden konnte.

Wir lagen, in einer Schützenlinie ausgeschwärmt, quer über die Chaussee in feuchtem Gras, das Gewehr im Arm, und wenn ich auch die Mannschaften abwechselnd schlafen ließ, so war es doch für mich eine völlig schlaffreie Nacht, die jedoch durch die Spannung und das Gefühl der Verantwortlichkeit, auf dem vor= geschobensten Posten zu stehen, nicht nur erträglich gemacht wurde, sondern auch verhältnismäßig rasch vorüber ging. Die sogenannten kleinen Morgenstunden mit ihrer dem Sonnenaufgang vorher=

gehenden kühlen Luftströmung waren freilich auch von einer so markdurchfrierenden Kälte, daß es größerer Abhärtung, als ich sie damals schon besaß, bedurft hätte, um dabei schlafen zu können. Die Nacht selbst verlief ungestört vom Feinde, und bis auf einen kleinen blinden Alarm bei der linken Nebenfeldwache, der sich durch ein kurzes planloses Gewehrfeuer kenntlich machte, ver= hältnismäßig ruhig.

Mit dem aufdämmernden Morgen war unsere Aufgabe gelöst, und Gespenstern gleich, zogen wir uns geräuschlos auf die Tages= stellung zurück, da unsere vorgeschobene Aufstellung nur unnütze Verluste herbeigeführt haben würde.

Eine Schütte Stroh in einem Winkel des Rosenstiehl'schen Gartens gab den totmüden Gliedern die ersehnte Gelegenheit, durch ein Stündchen Schlaf die verlorenen Kräfte wieder zu ersetzen.

Der Vormittag des 19. August verging wie der vorher= gegangene im Einrichten und Verstärken der Stellung und Orientiren im Vorgelände, während sich das Feuer aus der Festung hauptsächlich gegen den von uns besetzten südlichen Teil von Schiltigheim richtete, ohne uns jedoch irgend nennenswerten Schaden zu thun.

Da am Abend eine andere Compagnie den äußersten Vor= postendienst übernehmen sollte, gewährte schon die Aussicht auf eine ruhige Nacht in einer Laube des Biergartens ein gewisses Gefühl des Behagens, welches jedoch durch die Ereignisse Lügen gestraft werden sollte.

Gegen 10 Uhr abends meldete mir ein Unterofficier der Compagnie, ein sonst ruhiger, zuverlässiger Mann, daß er aus Gesprächen, die er in seinem Quartier belauscht haben wollte, ent= nommen habe, daß aus dem Keller des an der Hausbergerstraße liegenden Karlsklosters ein geheimer Gang in die Stadt führe, und daß auf diesem Wege nicht nur Nachrichten ausgetauscht würden, sondern auch ein reger Verkehr zwischen Schiltigheim und der Festung stattfände!

Wachte oder träumte ich? Kamen denn längst vergangene Zeiten wieder? War es nicht genug an Krieg und Brand, an Blut und Zerstörung, sollte auch noch das ganze Rüstzeug der Romantik mit Klöstern und geheimen Gängen wieder vor mir erstehen?

Etwas skeptisch veranlagt, wollte ich den Berichterstatter mit einem Scherzwort entlassen. Da jedoch das Kloster innerhalb unserer Aufstellung liegen sollte und die Möglichkeit eines Ueber= falles der Vorposten nicht ausgeschlossen war, durfte ich die Meldung nicht einfach von der Hand weisen.

Der Comgagniechef, dem ich die Sache weiter gemeldet, legte der ganzen Angelegenheit auch keinen größeren Wert bei, stellte mir jedoch frei, eine beliebige Anzahl zuverlässiger Unterofficiere und Mannschaften auszuwählen und mit diesen sofort den Ritt ins romantische Land zu wagen.

Wer je als Knabe Räuber und Gendarmes gespielt und sich die Genossen zur ersteren Kategorie ausgewählt hat, kann ermessen, wie wir zumute war, als ich nach eigener Wahl, ohne den Zweck des Unternehmens mit einer Silbe zu erwähnen, 25 bis 30 ver= wegene Gesellen aussuchte, die, nur mit Gewehr und Brotbeutel versehen, in lautlosem Zuge meiner Führung folgten.

Abseits von der übrigen Compagnie teilte ich den Mann= schaften den mir geworbenen Auftrag mit, indem ich vor allem größte Ruhe und Umsicht, zugleich aber auch die äußerste Rücksicht auf die Bewohnerinnen des Klosters empfahl.

Der angenehme Grusel, der sich mit der Idee von Kloster und geheimen Gängen verband, sowie die Hoffnung auf etwaige Abenteuer, erlitt einen starken Stoß durch die Entdeckung, daß das gesuchte Karlskloster identisch mit dem uns von der vorhergehenden Nacht wohlbekannten, höchst nüchternen, an der Hausbergerstraße gelegenen Gebäude sei.

Wer konnte jedoch wissen, welche Geheimnisse diese äußerlich so harmlos erscheinenden Mauern bargen?

Einem Zuge Verschworener gleich, die zu einem lichtscheuen Unternehmen ausziehen, passirten wir die innere Postenlinie. Im tiefsten Schweigen wurde das Kloster, dessen Lichter sämtlich er= loschen waren, von allen Seiten umstellt, was um so leichter zu bewerkstelligen war, als die äußeren Thore auf Anordnung des Truppenbefehlshabers offen bleiben mußten.

Gleich den Vorladungen zum Vehmgericht schallten die ersten Schläge gegen die Thür! Fast unmittelbar darauf machten sich schlürfende Schritte, ängstliches Geflüster, sowie der matte Schein einer Kerze bemerkbar.

Ich hielt es nun für meine erste Pflicht, mich den Be= wohnerinnen als Officier erkennen zu geben, und die Oeffnung der Thüre aus dienstlichem Interesse zu fordern.

Meine in höflich ruhigem, wenn auch bestimmten Tone ab= gegebene Erklärung verfehlte ihre Wirkung nicht, sodaß sich nun ohne weiteres der Schlüssel im Schlosse drehte und die Pforte zum Allerheiligsten offen stand.

In dem matt erleuchteten Hausflur des Karlsklosters befanden wir uns fünf bis sechs Schwestern gegenüber, die, wie eine Schar vom Sperber gejagter Tauben, sich um eine ältere Dame — vermutlich die Oberin — drängten. Ich wandte mich an diese,

indem ich völlige Sicherheit was Person und Eigentum betraf
zusicherte, bat dann um mehr Licht, sowie um die Auslieferung
der Kellerschlüssel, und trat in Begleitung der Oberin und zweier
Schwestern, nachdem ich das Treppenhaus und alle Ausgänge
mit Posten besetzt hatte, die Reise in die Unterwelt an.

Waren mir schon beim Anblick des ganz in modernem Stil
gehaltenen, der neuesten Zeit angehörenden Klostergebäudes Zweifel
an der Richtigkeit der Meldung, und somit an der romantischen
Ausbeute des nächtlichen Unternehmens aufgestiegen, so wurden
diese zur Gewißheit, als ich die reinlichen, größtenteils hell ge-
tünchten Wände des eigentlichen Kellergeschosses zu Gesicht bekam.
. In peinlicher Ordnung lagen da die Bedürfnisse der Küche
aufgehäuft; andere Räume waren vollständig zu Wohnungen mit
den nötigen Möbeln ausgestattet, um im Falle eines Brandes,
wie man mir sagte, oder heftigeren Feuers aus der Festung,
Personen und Sachen eine gesicherte Unterkunft gewähren zu
können. Nichts von heimlichstillen Winkeln, keine leiseste Spur
von Fallthüren oder Hohlräumen, wie sie die Phantasie nur zu
leicht, besonders nach der erhaltenen Mitteilung, an diesen Ort
verlegt hatte!

Nach knapp einer halben Stunde war unsere Untersuchung
zu Ende, und es erübrigte nur, den Klosterfrauen für die verursachte Störung und den damit verbundenen Schrecken meine
Entschuldigung auszusprechen.

Reichlich mit Wein beladen, den die Schwestern auf einen
Wink der Oberin ganz von selbst den Mannschaften gespendet,
kehrten wir zum Repli der Compagnie zurück, wo der Compagniechef meine Meldung über das negative Ergebnis der nächtlichen
Streifung lächelnd anhörte und sich in scherzendem Tone nach
den Einzelheiten des Abenteuers erkundigte.

Ich mochte 1—1$\frac{1}{2}$ Stunden geschlafen haben, als ich durch
ein Rütteln am Arm geweckt wurde. Es war der Compagniechef,
der mich aus meiner Verschlafenheit durch die Mitteilung riß,
daß von den Vorposten heftiges Infanteriefeuer herübertöne, und
daß es ihm geraten scheine, an die Gewehre treten zu lassen.
In kürzester Zeit waren die Mannschaften gefechtsbereit, und
jetzt hörte man auch schon unter dem verstärkten Feuer der
Festungsgeschütze die langgezogenen Töne des Alarmsignals,
welches unsere Hornisten sofort aufnahmen, und an die hinter
uns liegenden Reserven weitergaben.

Bald wurde es überall lebendig, trotzdem das Schießen ab-
zunehmen schien und auch wirklich allmählich ganz erlosch. Wie
es sich später herausstellte, war eine stärkere feindliche Patrouille
auf unsere vorgeschobenen Posten gestoßen, und da sich die Festung

an dem sich entspinnenden Infanteriegefecht lebhaft betheiligt hatte, glaubte der Befehlshaber der angegriffenen Feldwache die Anzeichen eines größeren Ausfalles darin zu erkennen, und hatte — vielleicht etwas zu frühzeitig — Alarm blasen lassen.

Es war daher nur ein blinder Lärm, bei dem allerdings eine Menge Pulver verknallt wurde, ohne weiteren Erfolg, als uns die Nacht zu verderben, denn wenn man sich auch nach Er= löschen des Feuers, ohne weitere Toilette zu machen, wieder auf seine Strohschütte legen konnte, so wurde es doch schon bedenklich Morgen, bis sich alles genügend aufgeklärt hatte, ganz abgesehen davon, daß die Spannung, die ein solches Intermezzo dicht vor dem Feinde mit sich bringt, die aufgeregten Nerven nicht sobald wieder zur Ruhe kommen läßt.

Am folgenden Morgen — 20. August — wurden wir aus der ersten Linie zurückgenommen und nach Hönheim verlegt, um dort, wenn auch noch immer im Bereich der Festungsgeschütze, Erholung von den Anstrengungen des achtundvierzigstündigen Vorpostendienstes zu finden.

Nachdem wir drei volle Tage nicht aus den Kleidern ge= kommen waren, erschien die Aussicht, für die nächste Nacht ein Dach über sich zu haben, wie ein Fest. Der bloße Gedanke, sich der Anwendung frischen Wassers wieder unbeschränkt hingeben und sich so manche andere Bedürfnisse des gewöhnlichen Lebens wieder gewähren zu können, wirkte geradezu elektrisirend und umgab auch das sehr einfache, an der großen Straße gelegene Bauernquartier mit einem Glanze, der weit in der Erinnerung noch widerstrahlt.

Der Rest dieses und der folgende Tag — 21. August ein Sonntag — wurde mit Instandsetzung der Bekleidung und An= fertigen von Schanzkörben zum Bau der Angriffsbatterieen unter Leitung von Ingenieurofficieren ausgefüllt, eine Thätigkeit, die für uns Officiere sowohl, die wir lediglich die Aufsicht zu führen hatten, wie auch für die Mannschaften derartig langweilig und lästig war, daß wir uns allgemein wieder in die Linie der Vor= posten zurücksehnten.

Am 22. August bezogen wir wieder die alte Stellung im Rosenstiehl'schen Garten, wo unterdessen durch andere Compagnieen einige Verbesserungen durch Erbauen von Hütten u. s. w. ange= bracht worden waren.

Zur Orientirung und zum gleichzeitigen Besuch der in vor= derster Linie stehenden Kameraden des Regiments unternahmen der Compagniechef und ich, selbst mit Gewehr und Patronen aus= gerüstet, und in Begleitung zweier als gute Schützen bekannter Unterofficiere eine Erkundungsstreife ins Vorgelände.

Wir fanden die ganze Südseite von Schiltigheim durch eine enge, zum Teil eingegrabene Postenkette gegen die Stadt ge= sichert, dicht dahinter, durch Häuser gedeckt, ganze Compagnieen zur eventuellen Unterstützung bereit.

Diese verstärkten Vorsichtsmaßregeln waren durch den Bau der Bombardementsbatterieen, an welchen Tag und Tag unaus= gesetzt gearbeitet wurde, notwendig geworden, hoffte man doch damals noch eine möglichst rasche Uebergabe der Stadt durch ein Bombardement, dieses zwar grausame, aber durch das Kriegsrecht aller Zeiten und Staaten anerkannte Mittel, erzwingen zu können.

Dem oberflächlichen Beschauer mochte der ganze Abschnitt zwischen dem Südrande von Schiltigheim bis zu den Wällen der Festung wie ausgestorben erscheinen, nur bei schärferem Zusehen unterschied man hin und wieder kleine bewegliche Puncte, eine Patrouille vielleicht; die sich aber sofort wieder dem Auge entzog. Ueberraschend wirkte es daher, als wir plötzlich auf der großen zum Steinthor führenden Chaussee eine ziemlich altertümliche Kutsche, begleitet von einem aus vollem Halse blasenden Trom= peter, heranrollen sahen. Inmitten der unheimlich unbelebt da= liegenden Landschaft machte dieser ungewohnte Anblick besonders, da durch die Entfernung alle Gegenstände stark verkleinert waren, einen eigentümlichen, der Wirklichkeit entrückten Eindruck, sodaß alles wie in einem Bilde gesehen erschien.

Schon auf dem Rückwege von unserm Streifzuge sollte uns die Erklärung für diese sonderbare Erscheinung werden. Wir trafen nämlich ungefähr in der Höhe des Karlsklosters einen unserer Hauptleute, am Arm einen französischen Officier führend, dem die Augen verbunden waren. Es war ein soeben aus der Festung eingetroffener Parlamentair, an dessen Mission man natur= gemäß alle möglichen Mutmaßungen knüpfte. Mit stummem Gruße gingen wir vorüber, während die beiden Feinde in bestem Ein= vernehmen in lebhaftester Unterhaltung begriffen schienen.

Ueber den Erfolg der Sendung verlautete nichts, dagegen war über den Ausfall der linguistischen Uebungen später eine viel belachte Bemerkung des französischen Officiers im Umlauf. Der= selbe soll sich einem Dritten gegenüber über seinen ersten Begleiter wie folgt geäußert haben:

„Mr. N. sein ein serr liebenswürdige Mann, aber er sprecken einen serr sleckten Franzosen."

Gegen Abend verstärkte sich das tagsüber nur mäßig unter= haltene feindliche Feuer, indem die Festung den mit dem Dunkel= werden aus wechselnden Aufstellungen die Stadt beschießenden Feldbatterieen aufs kräftigste antwortete. Trotz des Getöses schlief es sich auf der Strohschütte in unserm Wirtschaftsgarten vor=

2

trefflich, sodaß man sich bei anbrechendem Tage nur mit Zögern entschloß, das urwüchsige Lager zu verlassen und Toilette zu machen, die freilich eine bedenkliche Aehnlichkeit mit „Katzenwäsche" nicht verleugnen konnte.

So verging auch der Morgen des 23. August ohne Ereignisse von irgendwelcher Wichtigkeit; aber auch von der Außenwelt erfuhren wir fast nichts, oder zum wenigsten stark verspätet.

Daß am 14. und 16. August bei Metz unter beiderseitigen starken Verlusten gekämpft worden war, hatten die Zeitungen gemeldet, doch waren diese Nachrichten sicher längst von den zur Entscheidung drängenden Ereignissen an der Mosel überholt. Wenn auch die Depeschen über weitere Erfolge noch ausblieben, so war das Siegesbewußtsein doch so fest in aller Herzen eingewurzelt, daß niemand an dem baldigen Eintreffen günstiger entscheidender Nachrichten zweifelte. Alle auch durch Privatbriefe einlaufenden Mitteilungen politischen Inhalts wurden daher mit einem wahren Heißhunger gelesen und weiter gegeben; brachte es doch zuweilen ein glücklicher Zufall zustande, einen Brief in unverhältnismäßig rascher Zeit ankommen zu lassen, während für gewöhnlich fünf, ja auch acht Tage vergingen, bis eine Nachricht aus der Heimat ihren Weg in die Hände ihres Adressaten fand.

Am Nachmittag recognoscirten wir wiederum das Gelände vorwärts der Tagesposten; dieses Mal östlich des Helenenkirchhofs, da es noch nicht feststand, welcher Abschnitt der Compagnie zur Einnahme der Nachtaufstellung zugewiesen werden würde.

Der Feind schien heute seine Munition sparen zu wollen, denn während er bis dahin jeden einzelnen sichtbar werdenden Mann aus den schwersten Kalibern beschossen hatte, ließ er uns dieses Mal völlig unbeachtet, trotzdem wir es nicht immer vermeiden konnten, beim Uebersteigen von Hecken und Gartenmauern aus der Deckung herauszutreten.

Interessant waren die Entdeckungen, die wir in verschiedenen der kleinen Landhäuser machten, die wir zweifellos von allen deutschen Truppen als die ersten betraten und die nicht nur ausnahmslos von Granaten durchlöchert waren, sondern auch die Spuren räuberischer Hände unverkennbar an sich trugen.

Schränke, Betten, Kisten und Kasten — alle Behältnisse waren aufgerissen oder gewaltsam geöffnet, und der des Mitnehmens nicht wert erachtete Inhalt auf dem Fußboden zerstreut worden. Ganze Berge von Weißzeug, Büchern u. s. w. lagen in den Stuben umher, kurz es sah, auf den ersten Anschein hin, aus, als ob die Bewohner in eiligster Flucht ihr Eigentum im Stich gelassen hätten, und doch konnte davon keine Rede sein, da die Bevölkerung wohl schon gleich nach der Schlacht bei Wörth —

6. August — auf das Erscheinen des Feindes vorbereitet sein mußte, während die ersten badischen Reiter sich nicht vor dem 11. August vor der Festung gezeigt hatten.

Daß der hier allerorten geübte Vandalismus späterhin uns — dem Feinde — in die Schuhe geschoben wurde, ist nur zu natürlich, obgleich schon am 9. August, also zwei Tage vor dem Eintreffen der ersten deutschen Truppen im Vorgelände der Festung, Klagen über Plünderungen durch Flüchtlinge von Wörth in der Stadt laut geworden waren. Außerdem soll nach sicheren Quellen (Wagner: Belagerung von Straßburg), als dann die Räumung und Demolirung der Ansiedlungen in der Umgebung begann, das Marodiren außerhalb der Stadt unter Beteiligung der Hefe des Volkes so um sich gegriffen haben, daß der Gouverneur sich ver=anlaßt sah, durch Tagesbefehl die Verhaftung jedes Soldaten und nicht legitimirten Civilisten anzuordnen, der mit Lebensmitteln oder sonstigen Gegenständen zur Stadt hereinkäme.

Das greifbare Ergebnis unseres Patrouillenganges, der in derselben Zusammensetzung wie Tags zuvor stattgefunden hatte, war ein herrenloses, halbverhungertes Pferd, welches uns in der Nähe der Gasfabrik am östlichen Teile von Schiltigheim entgegen=getrabt kam, sowie die Unschädlichmachung mehrerer Hunde, die in den verlassenen Gehöften zurückgeblieben, nachts wiederholt den Patrouillen durch Kläffen und wütendes Anfallen lästig geworden waren. Die armen Schelme wurden größtenteils durch unsere Begleiter auf der Stelle erschossen; nur ein roter Spitz und zwei junge Wachtelhunde, die sich vertrauensvoll auf mein Locken ge=nähert hatten, wurden lebend mit zurückgeführt, und blieben während der ganzen Belagerung meine treuen Quartiergenossen.

Auf den Wällen sahen wir Militär= und Civilarbeiter in aller Ruhe an den Böschungen arbeiten. Außer in allernächster Nähe der Festung, wo Bäume in größerer Anzahl gefällt und wie zu einem zusammenhängenden Verhau neben einander aufgeschichtet waren, sowie außer der Niederlegung einzelner Häuser, schien für das so wichtige Freimachen des Vorgeländes nichts geschehen zu sein. Besonders nach Osten hin erstreckten sich Garten= und Baumanlagen von solcher Dichtigkeit, daß sie mit den Anpflanzungen des Contades zu einem einzigen Waldstück zusammen zu wachsen schienen.

Bei unserer Rückkehr zum Repli war soeben der Befehl ein=getroffen, daß die Compagnie mit Einbruch der Dunkelheit bis an den äußersten Südrand von Schiltigheim vorzurücken und dort Schützenlöcher auszuheben habe, um in dieser Stellung den in der Nacht beabsichtigten Batteriebau zu decken.

Während wir seit dem Verlassen der Garnison bis jetzt in

hohem Grade vom Wetter begünstigt worden waren, sodaß der Aufenthalt im Freien selbst während der Nacht, sobald man nur ein Bund Stroh unter sich fühlte, durchaus nichts Unbehagliches hatte, begann jetzt auf einmal ein feiner Landregen zu fallen, der den Mangel eines festen Daches doch recht empfinden ließ.

In kurzem war sämtliches vorhandene Lagerstroh in einen Zustand versetzt, der nur zu sehr an die sonstige Verwendung des- selben in der Landwirtschaft erinnerte. Die kleinen, oben offenen Lauben boten keinen Schutz vor dem feuchten Element, und die rascher und früher als sonst hereinbrechende Dunkelheit, durch die wenigen, trübselig brennenden Stalllaternen nur noch intensiver gemacht, war auch nicht geeignet, den Aufenthalt behaglicher er- scheinen zu lassen.

Trotzdem müßte ich lügen, wenn ich behaupten wollte, daß die Allgemeinstimmung unter diesen kleinen Unbequemlichkeiten ge- litten hätte. Zwar durfte das sonst so wirksame Mittel gegen äußere Unbilden — ein fröhliches Soldatenlied — aus nahe- liegenden Gründen nicht angewendet werden, allein trotz alledem machten die Leute in der muntersten Weise ihre Nachttoilette, indem sie auf Befehl des Compagniechefs schon jetzt die zu dem nächtlichen Ausrücken vorgeschriebenen Mäntel anlegten, froh, der lästigen Tornister, welche unter Aufsicht eines Postens in der Replistellung zurückbleiben sollten, entledigt zu sein.

Um 8 $\frac{1}{4}$ Uhr sammelten sich die zum Vorposten- und Arbeits- dienst commandirten Abteilungen auf der Bischweiler Straße. In tiefstem Schweigen näherten sich die einzelnen Compagnieen. Kein Commando, kein lautes Wort ertönte, nur im Flüstertone wurden die Meldungen abgestattet; kein Licht, nicht einmal eine brennende Cigarre war erlaubt.

Der Regen hatte inzwischen aufgehört, doch blieb der trübe, mit schweren Wolken tief herniederhangende sternenlose Himmel unserem Unternehmen günstig.

Ungefähr hundert Schritte vorwärts Schiltigheim legten sich ganze Compagnieen in eine Schützenlinie aufgelöst nieder, während dicht am Rande des Dorfes durch Pioniere Schützenlöcher mit je 100 Schritt Abstand ausgehoben wurden.

Wenn auch der Regen nachgelassen hatte, so war nicht nur der Boden, sondern auch wir selbst trotz Regenmantels tüchtig durchweicht, und das stundenlange Liegen im tau- und regenfrischen Kleeacker würde die Nacht wohl zu einer endlosen gemacht haben, wenn nicht der Beginn des Bombardements ein Bild von so schauerlicher Schönheit vor unseren Augen entrollt hätte, daß es für jeden, der Zeuge gewesen, unvergeßlich sein wird.

Ueber die lautlos, das Gewehr im Arm daliegenden Truppen

hinweg schleuderten die Feldbatterien ihre verderbenbringenden
Geschosse gegen die unglückliche Stadt. Wie fernes Wetterleuchten
erschien das Aufblitzen der Schüsse bei Kehl und von den im
Süden der Festung aufgefahrenen Batterieen. Bald zeigte sich über
der Stadt ein erst matter, dann allmählich zunehmender Feuerschein, und fast unmittelbar darauf brachen die hellen Flammen
an mehreren Orten gleichzeitig hervor.

Scharf zeichneten sich auf dem abwechselnd grell beleuchteten,
bald wieder in das vorige Dunkel zurücksinkenden Hintergrunde
die Umrisse der Stadt ab; gleich kämpfenden Massen drangen die
von der Glut des Feuers hochrot gefärbten Rauchwolken gegen
die mit ihrem Fuß scheinbar die Spitze des Münsters berührenden
Wolken des Himmels vor. Durch den Rauch und Dunst zuweilen
verhüllt, dann aber wieder sein vom Wiederschein des entfesselten
Elementes in Tageshelle erstrahlendes ernstes Haupt über das
Chaos erhebend, erschien immer wieder von neuem die imposante
Gestalt des Turmes.

Die Wälle waren wie ausgestorben. Nichts regte sich dort!
Wie tot lagen die zeitweilig in grün-rötliches Licht getauchten,
langen, hundertfach gebrochenen Linien da, gleichsam erstarrt von
der Ungeheuerlichkeit des Frevels.

Ueber uns rauschten die Granaten, hinter uns knirschte der
Boden unter der Spitzhacke und dem Spaten der arbeitenden
Pioniere, milchweiß kroch der Nebel aus den Wassergräben der
Festung, einem gespenstigen Ungeheuer gleich, das uns das Mark
aus den frosterstarrten Gliedern saugen sollte.

So lagen wir stundenlang, jeden Augenblick die Antwort des
Feindes erwartend.

Da krachte es plötzlich unmittelbar rechts vor uns! Gradezu
belebend wirkte dieser die Spannung lösende Ton auf die allmählich stumpfer werdenden Nerven!

In hohen Tönen schwirrend pfiffen die Chassepotgeschosse über
unsere Köpfe hin. Gespannt lauschten die Hunderte von Männern,
das Gewehr schußfertig im Arm, aber gefesselt durch die Bande
der Mannszucht. Kein Schuß von unserer Seite antwortete der
kecken Herausforderung, dem einzigen Lebenszeichen, welches die
Festung in dieser Nacht von sich gegeben hatte!

Es mochte gegen zwei Uhr morgens sein, als sich plötzlich
ganz in unserer linken Flanke eine mächtige, oben scharf abge-
schnittene Feuersäule erhob. Dann ein Krach, gegen welchen das
Knallen der Feldgeschütze ein kindliches Lallen schien, und oben
barst die Säule, einer Riesenrakete gleich, springbrunnenartig aus-
einander, um unmittelbar darauf in schwärzester Nacht zu ver-
löschen.

Es war die durch unsere Pioniere ausgeführte Sprengung der bei der Herrenschmidtschen Lohgerberei über die Aar führenden steinernen Brücke.

Auch diese Detonation, die meilenweit gehört sein mußte und den Boden unter unseren Füßen erbeben machte, weckte kein Echo auf den Wällen der Festung. Alles blieb dort still wie bisher.

Kurz darauf wurden wir in die unterdessen vollendeten Schützen=löcher zurückgenommen, deren kaum meterbreite, dem Feinde zu=gekehrte Aufwürfe doch ein ganz anderes — freilich täuschendes — Gefühl der Sicherheit gewährten, als die bisherige, jeder Deckung — außer der Dunkelheit der Nacht — entbehrende Lage auf der blanken Erde.

Um drei Uhr morgens sollte unsere Ablösung durch ein anderes Bataillon des Regiments stattfinden. Dieselbe verzögerte sich jedoch infolge der noch herrschenden Finsternis und der Unbekanntschaft der Mannschaften mit der Lage der einzelnen Schützenlöcher, sodaß es schon bedenklich zu hellen begann, während sich noch das ab=ziehende und ablösende Bataillon in dichten Massen auf der nach Schiltigheim führenden Chaussee drängte. Ein einziger Shrapnel=schuß aus der Festung hätte hier hundertfache Opfer kosten müssen! Aber noch immer regte sich nichts im feindlichen Lager! Erst als der Tag wirklich angebrochen war, wir aber längst aus dem un=mittelbaren Wirkungsbereich gelangt waren, eröffnete die Festung ein heftiges Geschütz= und Gewehrfeuer gegen die nunmehr ent=deckten nächtlichen Werke des Angreifers.

Dasselbe richtete sich vor allem gegen die Batterie=Stellungen, an deren Vollendung, soweit es gegen Sicht gedeckt geschehen konnte, mit aller Anstrengung gearbeitet wurde; allein auch die von uns mit so viel Behagen gegen Morgen aufgesuchten Schützen=löcher, die sich durch die frisch aufgeworfene Erde scharf von dem Grün der Aecker abhoben, reizten den Grimm des Verteidigers, der offenbar seine nächtliche Unaufmerksamkeit durch verdoppelten Eifer wieder wett machen wollte. Diesen Würfen aus groben Festungsgeschützen konnten die mit flüchtiger Hand aufgeworfenen Erddeckungen nicht widerstehen, sodaß so mancher unserer Stell=vertreter an diesen exponirten Puncten dem feindlichen Geschoß zum Opfer fiel.

Nachdem sich die Compagnie wieder in den Besitz ihrer Tornister gesetzt, wurde dem erhaltenen Befehl gemäß der Marsch nach Hönheim angetreten, wo uns ein Ruhetag winken sollte.

Kaum waren wir in die Quartiere gerückt und hatten ange=fangen, uns durch Anwendung von Wasser und Seife in civilisirte Menschen zu verwandeln, als ein zweiter Befehl die Compagnie wieder zusammenrief, um nun in Bischheim einquartiert zu werden.

Hiermit nicht genug, trieb uns ein dritter Befehl wieder aus den eben erst bezogenen Quartieren und führte uns nach dem süd=lichen Teil von Bischheim vor, wo wir als zweites Repli für die Vorposten dienen sollten.

Für uns Officiere war dieser letzte Wechsel ein Glücksfall, indem wir sämtlich in das an der großen Straße gelegene „Hotel du Cheval blanc" zu liegen kamen.

Wer von allen, die die Belagerung von Straßburg mit=gemacht haben, kennt sie nicht, die „blanke Schwalbe", wie der Gasthof in deutscher Verballhornung sehr bald allgemein genannt wurde? Wer erinnert sich nicht des vielgewandten Wirtes mit dem französischen Vornamen, der stets im weißen Piqué=Anzug, mit ausgeschnittenen Lackstiefeln, zwischen seinen Gästen umher=tänzelte und der immer zufriedener aussehend wurde, je länger sich die Belagerung hinzog, und — seltsamer Gegensatz! — je größer die von Deutschland zur Belagerung aufgebotene Truppenmacht wurde!

Die „blanke Schwalbe" war ein Erkennungszeichen des Straß=burger Belagerungscorps und wo sich nach Jahren, ja nach Jahr=zehnten zwei fanden, die damals vor den Thoren dieses deutschen Schmerzenskindes gelegen hatten, da wurde auch ihrer gedacht, die die Hungrigen speiste, die Durstigen tränkte, zwar nicht um einen Gotteslohn, aber dafür auch reichlich und gut, und sich vor allem hervorthat durch das Gefühl des Behagens, das den Besucher durchströmte, sobald er nur aus Nässe und Graus, aus dem nächt=lichen Chausseegraben oder aus dürftigen Bauernquartieren in ihre stets reinlichen und vor allem stets von der besten Gesellschaft be=suchten Räume trat. Hier herrschte der denkbar kameradschaft=lichste Ton; vergessen waren hier die Rangunterschiede, ein gemein=sames Band der Pflichterfüllung in gemeinsamer Gefahr umschlang alle, denn nur zu oft fehlte schon am anderen Tage der, der heute noch der Mittelpunct eines frohen, ja ausgelassenen Kreises gewesen war.

Die uns Officieren zugewiesenen Schlafräume befanden sich im oberen Stockwerk, von wo aus, besonders von den nach Süden gehenden Stuben, ein freier Blick über die Chaussee in der Richtung auf Straßburg gegeben war.

Nachdem wir uns an der stets frisch gedeckten Tafel erquickt und durch einen ausgiebigen Mittagsschlaf erholt hatten, wozu das Krachen der in unserer Nähe platzenden Granaten das Wiegen=lied sang, gestaltete sich der Abend und die darauffolgende Nacht, die erste des eigentlichen Bombardements, zu einer der interessantesten der ganzen Belagerung.

Ein trüber, regnerischer Sommertag neigte sich seinem Ende

zu, als mit dem Glockenschlage 8 Uhr das dem Commandanten, General Uhrich, schon drei Tage vorher als bevorstehend ange=kündigte Bombardement seinen Anfang nahm. In immer ver=stärktem Maße, je nachdem die einzelnen Batterieen schußfertig wurden, ergoß sich der Eisen= und Feuerhagel über die unglück=liche Stadt. Nicht lange blieb heute die Festung die Antwort schuldig, und der den Geschossen des Angreifers entgegengesetzte Flug, sowie das ohrzerreißende Krachen, welches das Aufschlagen und Krepiren der feindlichen Gegengrüße begleitete, bewies, daß der Gegner wach und bereit war, den Kampf energisch auf=zunehmen.

Die durch die Beschießung der vergangenen Nacht in der Stadt erzeugten Brände hatten sich — zum Teil wohl gelöscht — während des Tages nur wenig bemerkbar gemacht, jetzt aber glühte mit einem Male der ganze Himmel in so intensivem, ein einziges Feuermeer verratendem Rot, daß im Vergleich dazu der Feuer=schein der jüngsten Nacht nur wie ein schwaches Vorspiel erschien, trotzdem uns von unserem Standpuncte aus der directe Blick auf die Stadt durch die vorliegenden Gebäude verdeckt war.

An ein Schlafen, oder nur zur Ruhe gehen, war nicht zu denken. Zwar lagen wir so zu sagen in dritter Linie, und erst im Falle eines — überhaupt nicht wahrscheinlichen — größeren Ausfalles hätte unsere Thätigkeit in Anspruch genommen werden können, allein die Aufregung, in der man sich befand, das unab=lässige Getöse aus, Freund und Feind gerechnet, mehr als 200 Ge=schützen, zum Teil schwersten Kalibers, verscheuchten jeden Gedanken an die Möglichkeit des Schlafes.

Das Gefühl der persönlichen Gefahr fehlte dabei fast ganz, denn abgesehen davon, daß uns in der Repli=Stellung das Schießen eigentlich gar nichts anging, nahm die Festung ganz im Gegen=satz zu ihrer Thätigkeit am Tage, weniger den inneren Teil des Dorfes, sondern die rechts seitwärts und hinter uns liegenden Batterieen zum Ziel.

Taghell war die ganze Umgebung beleuchtet. Am Rande des Dorfes war ein großes Gebäude vom Verteidiger in Brand ge=schossen worden, welches die Helligkeit so vermehrte, daß die in der vordersten Linie arbeitenden Truppen zurückgenommen werden mußten, weil jeder einzelne Arbeiter sich scharf erkennbar vom Boden abhob. Das ununterbrochene Knattern des Infanterie=feuers von den Wällen und vom gedeckten Wege füllte die etwanigen Pausen aus, die in dem Kampfe des groben Geschützes, allerdings nur für kleinste Zeitabschnitte, zu erkennen waren.

Gegen Mitternacht ließ das Feuer aus der Festung allmählich nach, während die Batterieen des Angreifers bis gegen 4 Uhr morgens mit ungeschwächter Kraft ihr Zerstörungswerk fortsetzten, welches, tagsüber nur mäßig unterhalten, mit dem Abend des 25. wieder von neuem sich tobend entfesseln sollte.

Während der Geschützkampf noch in unverminderter Heftig= keit von unserer Seite geführt wurde, erhielten wir gegen 2 Uhr morgens den Befehl, weiter vorzugehen und in Schiltigheim an dem von der protestantischen Kirche bis zur großen Chaussee durch die Rustengasse gebildeten Abschnitt Alarmquartiere zu beziehen.

Hier angekommen, richtete sich die Compagnie in dem Schul= hause und den daneben liegenden Häusern und Scheunen ein, während die Gewehre und Tornister auf dem kleinen freien Platz, wo vor kurzem die Jugend des Ortes ihre Spiele ge= trieben haben mochte, ihre Aufstellung unter dem Schutze eines Postens fanden.

Bis alle Vorbereitungen getroffen und die Mannschaften untergebracht waren, graute auch bereits der Morgen, der klar und freundlich heraufstieg und einen schönen Tag versprach.

Das Haus Nr. 8 der Rustengasse war zum provisorischen Lazarett eingerichtet worden, und hier fanden wir auch unsere ersten Verwundeten vom 18. August wieder, die leider nicht die einzigen geblieben waren, hatte doch das heftige Feuer, besonders am Morgen des 24., noch so manches Opfer gefordert. Zeugnis davon gab die in einer Scheune eingerichtete Leichenkammer, wo die von Granaten zerrissenen Ueberreste einiger Unterofficiere und Mannschaften vorläufig untergebracht waren. Erst nachmittags gelang es, durch die opferwillige Beteiligung des protestantischen Ortsgeistlichen, unseren gefallenen Kameraden ein einigermaßen würdiges Leichenbegängnis zu bereiten, das unter dem Donner der Geschütze, vorbei an der unter präsentirtem Gewehr in Linie auf= marschirten Compagnie, nach dem nahe gelegenen Friedhof seinen Weg nahm, wo ein gemeinsames Grab die sämtlichen Treuen umschließt.

In den ersten Vormittagsstunden des 25. August schien die Festung, mit dem schwächer werdenden Feuer des Angreifers, wieder zu neuem Leben zu erwachen.

Nicht nur die Batterieen, deren Lage man bei Tageslicht besser zu erkennen vermochte, sondern auch der Südrand der Dörfer und derjenigen Teile derselben, in welchen man die Replis vermuten durfte, waren der Gegenstand einer erhöhten Aufmerksamkeit.

Durch unsere verhältnismäßige Seßhaftigkeit der letzten Tage waren Briefe und Zeitungen aus der Heimat eingetroffen, deren Inhalt mit wahrem Heißhunger verschlungen wurde, brachten sie doch die ersten ausführlichen Nachrichten über die bei Metz ge=

fallene Entscheidung. In die Freude über die deutschen Siege mischte sich die Trauer über die zahlreichen Opfer, über die Lücken, die der Tod unter den nächsten Blutsverwandten und Freunden gerissen.

Das Interesse und die Anteilnahme auch des gemeinen Mannes war eine so große, daß sich, als ich auf Bitten eines Unterofficiers einiges aus der „Kölnischen Zeitung" mitteilte, fast die halbe Compagnie um mich versammelte, um mit größter Spannung den Berichten des heimatlichen Blattes zu lauschen.

So kam der Abend heran und mit ihm der Befehl, „da bei der bevorstehenden Fortsetzung des Bombardements auch ein er=höhtes Feuer aus der Festung, und zwar voraussichtlich ebenfalls mit Brandgranaten zu erwarten sei, Vorkehrungen zu treffen, um die Mannschaften möglichst vor Verlusten zu schützen". Ein Unter=bringen derselben unter Dach und Fach, wie es die uns zur Ver=fügung stehenden Baulichkeiten wohl erlaubt hätten, war daher unthunlich. Dafür wurde der hintere Schulhof dicht mit Stroh belegt, und hier lag es sich, nachdem eine tüchtige Portion Glüh=wein für die nötige Erwärmung gesorgt, in der lauen Augustnacht auch ganz behaglich. Allerdings sollte es spät werden, bis man zur Ruhe kam, denn das Bombardement, welches in dieser Nacht seinen Höhepunct erreichte, hatte um acht Uhr abends wieder mit steigender Heftigkeit begonnen.

So klein der Ausschnitt des Firmamentes auch war, den wir von unserem, rings von Häusern umgebenen Lager übersehen konnten, so zogen doch auf diesem unbedeutenden, kaum nennens=werten Raum die Geschosse in so ununterbrochener Reihenfolge vorüber, war die ganze Umgebung, bis in unseren stillen Winkel hinab, so taghell erleuchtet, daß vorerst an schlafen noch nicht zu denken war.

Die stetig zunehmende Helle trieb uns daher wieder auf, um uns nach einem Lugaus umzusehen, der sich auch bald in der Giebelstube eines nahegelegenen Hauses fand.

Von dem brennenden Kehl, über die Citadelle hin, bis zum Weißturmthor und darüber hinaus, weit nach Königshofen und Kronenburg hin, war der ganze Horizont ein ununterbrochenes Feuermeer, dessen Umfang, fortwährend zunehmend, in dem gegen Mitternacht ausbrechenden Brande des Münsterdaches eine Steige=rung fand, die an schauerlicher Erhabenheit alles bis jetzt Erlebte in nichts versinken ließ.

Einer Riesenfackel gleich erhob sich der gewaltige Bau des Münsters inmitten der wie eine Esse glühenden Umgebung; jeden Augenblick schienen die Flammen auch den Turm selbst ergreifen zu wollen; doch das Gebilde aus Stein widerstand, widerstand auch, als die Lohe beim Zusammenbrechen des Daches fast bis zur Spitze des Turmes empor schlug, um dann meilenweit sichtbar, langsam zu erlöschen.

Dazwischen schlugen unbeirrt durch dieses Opfer, unerbittlich wie das Fatum, in ununterbrochener, erbarmungsloser Folge die Geschosse des Angreifers in dieses flammende Chaos. Als feurige Puncte deutlich erkennbar stiegen die Bomben an dem dunklen Nachthimmel in die Höhe, allmählich langsamer werdend, um dann mit wachsender Schnelle ihren verderben= bringenden Weg nach unten fortzusetzen. Wie Donnerkeile alles zerreißend, dem Gehör allein, nicht dem Auge erkennbar, mit jauchzendem Heulen, gleichsam froh, aller Fesseln bar, sich auf den Feind stürzen zu können, durchrasten dagegen die Granaten die Luft. —

Erschüttert von der Großartigkeit der Tragödie, zu deren Zeugen wir geworden, suchten wir, von unserem Lugaus herab= gestiegen, lange vergeblich den Schlaf. Nach und nach senkte sich jedoch der Schlummer trotz alledem auf die müden Augen, und bald schlief alles wie im tiefsten Frieden.

Mit der Morgendämmerung, die als solche wegen der an= dauernden unnatürlichen Helle nicht bemerkbar, wohl aber durch die verstärkte Kühle sich fühlbar gemacht hatte, kam Leben unter die Schläfer.

Das Lager war trotz der Strohunterlage etwas hart gewesen, und namentlich die Füße machten in ihrem fast erstarrten Zustande das Bedürfnis nach lebhafter Bewegung dringend geltend. So war in kurzem, nachdem die Ersten erwacht, auch schon die gesamte Mannschaft auf den Beinen. Ein Teil führte, um sich zu erwärmen, wahre Bärentänze auf, während die Umsichtigeren sich nach Wasser und einer Feuergelegenheit umsahen, um dem frierenden Menschen auch von innen beizukommen.

Ein Schluck heißen, schwarzen Kaffees aus dem Kochgeschirr= deckel, an dem man sich die Lippen verbrannte, mußte Frühstück und Waschen ersetzen, während die sonstige Morgentoilette in einigen Bürstenstrichen bestand, mit welchen der getreue Bursche die gröbsten Ueberbleibsel des Strohlagers zu entfernen suchte.

Sehr angenehm belebend wirkte die Nachricht, daß wir nach Ablösung durch eine Compagnie Landwehr nach Vendenheim mar= schiren sollten, um dort einige Tage der Ruhe zu pflegen! — Und diesmal kam nichts dazwischen!

Als wir am 26. August gegen 8 Uhr morgens unsere Stel= lung am Schulhause verließen, um — freilich auf Nebenstraßen zur Vermeidung von Verlusten — über Hönheim, Suffelweyers= heim den Ort unserer Bestimmung zu erreichen, da hätten unsere

Leute am liebsten gleich losgesungen, in solch verführerischem Lichte erschien die so lange entbehrte Landstraße — die man endlich einmal wieder unter die Füße nahm — gleichzeitig mit der Aussicht, wieder unter Dach und Fach und vielleicht auch in ein ordentliches Bett zu kommen. Das Wetter war nicht zu heiß, der Himmel klar, hinter uns lagen Tage und Nächte schwerer, aber nach besten Kräften erfüllter Pflichten, zugleich schmeichelte man sich mit dem Gedanken, daß Straßburg dem stürmischen Werben der letzten Nächte nicht lange mehr zu widerstehen vermöchte! —

Wenn auch Vendenheim im allgemeinen nicht das hielt, was man in der überspannten Hoffnung des ersten Momentes erwartet hatte, so waren doch Officiere und Leute ganz gut untergebracht, und namentlich konnte man sich einmal wieder seines Koffers und alles dessen, was damit zusammenhängt, freuen.

Der Rest des Vormittags war der Ruhe gewidmet, jedoch schon am Nachmittage wurde unter Leitung von Ingenieur-Officieren der Aufmarsch und das Anstellen der Arbeitercolonnen zum Ausheben der Laufgräben geübt.

Am 27. vormittags hatte die Compagnie Einzelexerciren und Zielübungen im Gelände auf einem vor Vendenheim gelegenen Stoppelacker. Nachmittags fand Appell mit Schuhwerk und Bekleidungsstücken statt, während ich als Officier vom Tagesdienst die kleinen Ortswachen zu revidiren hatte — selbst ein abendlicher Skat fehlte nicht; kurz man übte und gerirte sich wie im tiefsten Frieden, und hätte sich auch in dieser Annahme dauernd erhalten können, wenn nicht die — durch die Entfernung freilich gedämpften — Kanonenschläge immer wieder an den Ernst der Lage erinnert hätten.

Der folgende Tag — 28. August — führte das Bataillon nach Reichstett, wo nun das ganze Regiment, mit Ausnahme zweier nach dem „Englischen Hof" detachirter Compagnieen, vereinigt war und wo sich dementsprechend ein lebhafter kameradschaftlicher Verkehr entwickelte, hatte man sich doch teilweise seit Wochen nicht gesehen und dabei so manches erlebt und erfahren, was nach Mitteilung drängte.

Ich war für meine Person mit noch etwa fünfzig Mann in einem jener großen Bauernhäuser untergebracht, die sich unter einander so ähnlich sehen, daß es des Einprägens ganz besonderer Merkzeichen bedurfte, um das Quartier selbst am Tage sofort mit Sicherheit wieder zu finden.

Da bei der übermäßigen Belegung der Ortschaften die Lebensmittel auch für die Officiere geliefert wurden, erhielten wir von unseren Quartierwirten nichts als den Schlafraum und die Feuerstelle. Die täglich zu empfangende Ration bestand in etwa

1 ½ Pfund frischem Rindfleisch, Reis, Speck, Salz, Brot, Kartof=
feln, drei Cigarren und — wenn auch nicht regelmäßig — aus
Wein, der sich jedoch höchstens in gekochtem Zustande mit einem
Zusatz von Cognac, Zucker und — wenn vorhanden — Gewürz=
nelken genießen ließ.

Die Quartierwirte waren nicht grade unfreundlich, aber doch
gelinde gesagt, recht allemannisch schwerfällig, sodaß es, besonders
am ersten Tage, hin und wieder einer kleinen Aufmunterung
bedurfte, um ihnen auf die Strümpfe zu helfen.

Ich war daher für die Herstellung des Mittagbrodes, da die
wenigen Wirtshäuser ebenfalls stark belegt waren und die Ein=
richtung eines gemeinsamen Mittagstisches sich als unausführbar
erwiesen hatte, auf die eigene Kochkunst und die des Burschen an=
gewiesen. Ziemlich früh in Reichstett angekommen, hatten wir Zeit
und Muße genug, unsre Erfahrungen auch nach dieser Richtung
zu vervollständigen.

Während nun der Bursche die gröbere Küchenarbeit, als
Kartoffelschälen und dergleichen, übernahm, schnitt ich das Fleisch
in Scheiben und setzte vor allem den Reis in einem Feldkessel mit
Wasser zu. Da wir ziemlich reichlich geliefert erhalten hatten,
nahm ich, ohne an das Quellen dieser Körnerfrucht zu denken,
einige gehäufte Hände voll, so das Kochgeschirr gut bis zur
Hälfte füllend.

Als ich nach einiger Zeit, während Kartoffeln und Rindfleisch
nebst Lauch und einigen von der Bäuerin für teures Geld erhan=
delten Sellerieköpfen einträchtig zusammen kochten, einmal wieder
nach dem Reis sehen will und den Deckel vorsichtig abhebe, quoll
mir eine solch unerschöpfliche Flut von Körnern entgegen, daß ich
fast ein Wunder zu sehen vermeinte und jedenfalls dem Goetheschen
Zauberlehrling in den ersten Stadien der Bestürzung geglichen
haben muß, bis die Bäuerin, die mit überlegenem Lächeln unser
Thun schon längere Zeit beobachtet hatte, raschen Griffs den Kessel
vom Feuer hob und drei Viertel seines Inhaltes in ein anderes
Gefäß abgoß. Der verbliebene Rest sei — wie sie meinte —
noch reichlich genug. Und dem war auch so, denn nach Auffüllen
der Suppe blieb noch so viel übrig, daß nicht nur der projectirte
Milchreis, sondern auch so viel abfiel, daß der Bursche, ohne seinen
eigenen Vorrat anzugreifen, an den Resten genug hatte.

Das Essen selbst war gut; jedenfalls schmeckte es sowohl mir,
wie dem Burschen, und mit der Zeit hofften wir uns schon auch
in dieser Beziehung zu vervollkommnen.

Zum Abendbrot gab es Speck mit Eiern, und dann zog
ich in Begleitung des Burschen, der zwei Flaschen gelieferten
Weins trug, in das Quartier des Compagniechefs, wo wir uns

nach dem oben angegebenen Recept einen gemeinsamen Wein=
punsch brauten, der bei den schon kühler werdenden Nächten sehr
am Platze war.

Am 29. August wiederholte sich die Kochscene beinahe mit
allen Einzelnheiten, nur daß wir uns die gestern gewonnenen Er=
fahrungen zunutze machten; außerdem zeigte die Bäuerin, die ein=
gesehen haben mochte, daß die „Prüeße" doch nicht so schlimm,
wie ihr Ruf seien, ein entschieden freundlicheres Gesicht, und war
auch mit sonstigen kleinen Hilfeleistungen auf dem Gebiet der
Kochkunst eher bei der Hand, wie am ersten Tage. —

Nachdem das Bombardement nach Ablauf der ursprünglich
dafür in Aussicht genommenen drei Tage und drei Nächte nicht
zum Ziele geführt hatte, war im Hauptquartier des Generals
v. Werder beschlossen worden, unmittelbar zur Eröffnung des
förmlichen Angriffes überzugehen, da man sich nach den gemachten
Erfahrungen auch von einer weiteren Fortsetzung der Beschießung
keinen besseren Erfolg versprechen zu können glaubte. Schon wäh=
rend des Bombardements waren alle Vorkehrungen getroffen, und
die Befehle ausgefertigt worden, sodaß nunmehr ohne Zeitverlust
zur Ausführung dieses, eine neue Phase in der Geschichte der
Belagerung Straßburgs einleitenden Entschlusses geschritten werden
konnte. Zum Angriff war die Nordwestfront der Festung auser=
sehen, und die Aushebung der ersten Parallele, welche vom Rhein=
Marne=Canal über den Kirchhof St. Helena bis an die Pariser
Bahn sich ausdehnen sollte, auf die Nacht vom 29. zum 30. August
festgesetzt worden.

In Ausführung der betreffenden Befehle traten nachmittags
um 6 1/2 Uhr die Bataillone an, um zum Schutze der nächtlichen
Arbeiten wieder in erster Linie Verwendung zu finden.

Wie bei dem früheren Besetzen der Vorposten war auch
heute keine brennende Cigarre, kein Lied, nicht einmal lautes
Sprechen erlaubt, und zwar schon vom Augenblick des Antretens
von Reichstett an. In beinahe unheimlichem Schweigen näherte
sich die Colonne dem langgestreckten Drillingsdorf Hönheim=Bisch=
heim=Schiltigheim, dessen Häuser und Gassen uns wie alte Bekannte
begrüßten. Auch diese sahen fast unverändert aus, wenn auch hier
und da ein Schornstein fehlte, oder ein Dach eine bedenkliche Lücke
an Ziegeln aufwies.

Vorsichtig marschirten wir unter dem Schutze der Häuser auf
der dem Münster zugekehrten Straßenseite bis Schiltigheim, wo erst
in der Höhe der „Vier Winde" Halt gemacht wurde, um dort
weitere Befehle und den völligen Eintritt der Dunkelheit abzuwarten.
Die Gewehre wurden zusammengesetzt und den Mannschaften er=
laubt, wegzutreten, doch sollte alles in nächster Nähe bleiben.

Wir befanden uns wieder auf altbekannten Boden, war doch Schiltigheim der erste Schauplatz unserer kriegerischen Thätigkeit gewesen. Allerdings hatte die Umgebung, besonders der nördliche Teil der Bergherrenstraße, manche Veränderung erlitten, da inzwischen durch die Pioniere unsere nur flüchtig angelegten Verstärkungen dieses Abschnittes wesentlich vermehrt und verbessert worden waren. In ihrer alle Möglichkeiten in Betracht ziehenden Vorsorg= lichkeit hatte die oberste Kriegsleitung auch auf etwaige Rückschläge gerechnet, und im Falle eines Aufgebens der vordersten Linie hier eine Aufnahmestellung geschaffen, die dem directen Geschützfeuer des Feindes entzogen wohl in der Lage war, den etwa zurück= weichenden Truppen einen neuen, festen Halt zu geben.

Wir hatten Muße genug, uns alle diese Verstärkungsmaß= regeln, von außen wenigstens, anzusehen, denn es wurde 9 Uhr, bevor der Befehl zum Antreten kam.

War schon beim Abmarsch von Reichstett die größte Stille befohlen, so war jetzt jedes Sprechen überhaupt verboten, da sich die zum Wacht= und Arbeitsdienst bestimmten Bataillone nur so hinter= und nebeneinander drängten.

Dicht vor dem Südrande des Dorfes, welches wir auf der Kirchfeldstraße verlassen hatten, bezeichnete ein weißes, auf dem Boden ausgespanntes Band die Stelle, wo die erste Parallele aus= gehoben werden sollte. Links, östlich der Chaussee, marschirten wir auf und legten uns fünfzig Schritt vorwärts der Trace nieder, während unser Brigaderegiment zur eigentlichen Arbeit commandirt war. Die uns somit zugefallene Rolle entsprach vollständig der schon in der Nacht vom 23. zum 24. August entwickelten Thätigkeit.

Die Nacht war sternhell und in ihren ersten Stunden durch den zunehmenden, aber bereits in voller Klarheit scheinenden Mond beleuchtet. Matt hoben sich gegen den Nachthimmel die Wälle der Festung, dagegen ganz klar und fast in den Einzelheiten erkennbar, der allen Beschädigungen trotzbietende Wunderbau des Münsters ab.

Rechts vorwärts unserer Aufstellung brannte die langgestreckte Finkmattkaserne in so furchtbarer Glut, daß das Gelände strich= weise taghell erleuchtet wurde. Dazwischen rauschten die Geschosse der schweren Belagerungsbatterieen durch die Luft, deren Ziel jetzt nicht mehr die Stadt selbst, sondern ausschließlich die Festungs= werke waren. Dem verhältnismäßig nahen Einschlag folgte ein grelles Aufleuchten, dann ein heftiger Knall, aus dem man deutlich das Prasseln von Eisen= und abgesprengten Steinsplittern zu unterscheiden vermochte.

In der Stadt lohten außer der Finkmattkaserne noch immer

einzelne Brände, doch war die Glut, im Vergleich zu den eigent=
lichen Bombardementsnächten, entschieden im Abnehmen begriffen,
freilich hatte jetzt die der Angriffsfront zugekehrte Steinthorvorstadt,
die vom Bombardement verhältnismäßig verschont geblieben war,
in erhöhtem Maße durch zu weitgehende Geschosse zu leiden.
Wie ja auch die durch den förmlichen Angriff verursachte Zer=
störung der in der Schußlinie liegenden Stadtteile eine viel gründ=
lichere war, als die Beschädigung, welche die Stadt durch das
Bombardement selbst erlitten hatte.

Ganz entgegen der am Tage gezeigten Thätigkeit verhielt sich
die Festungsartillerie jetzt ganz passiv. Kein Geschütz beantwortete
das sich allmählich immer mehr steigernde Feuer des Angreifers.
Nur vereinzelt schwirrte eine Lage Chassepotgeschosse über unsere
Köpfe, wenn sich vielleicht eine Patrouille zu unvorsichtig dem
gedeckten Weg genähert, oder den schützenden Schatten verlassen
hatte.

Das Ausheben der Parallele ging ohne irgend welchen Ver=
lust auf unserer Seite von statten, obgleich die zu unserer Ablösung
bestimmten Truppen statt um 3½ erst um 5 Uhr morgens erschienen,
und wir daher fast bei hellem Tage — also ohne Deckung —
übers freie Feld zurück mußten. Es war gradezu unbegreiflich,
und nur durch völliges Unterlassen jeder Beobachtung zu erklären,
daß der Feind diese Momente vor und nach der Ablösung, wo
die ganze Chaussee gedrängt voll Menschen stand, nicht benutzte,
uns einige seiner Shrapnels zuzuschicken, mit welchen er anfangs
so freigebig gewesen.

Erschöpft von den durchwachten Nächten der Bombardements=
periode, schien er in dieser vergleichsweise friedlichen Nacht will=
kommener Ruhe zu pflegen.

Gegen 6½ Uhr morgens, 30. August, kamem wir in Reich=
stett an, wo wir wieder unsere alten Quartiere bezogen, und wohl
ausnahmslos die Schlafstelle aufsuchten, da sich mit dem ange=
brochenen Vormittag — namentlich zu dieser frühen Stunde —
doch nichts mehr anfangen ließ.

Wie es jedoch mit solch improvisirter Nacht zu geschehen
pflegt — das helle Sonnenlicht und das Getriebe des Tages
weckten die Schläfer sehr bald wieder, mich im besonderen der
Bote des Feldwebels mit Briefen aus der Heimat, und es war
noch nicht 10 Uhr, als ich wieder in Gesellschaft des Burschen in
der Küche stand, wo uns heute, noch dazu ganz von selbst, die
Hilfe der Bäuerin angeboten wurde. Als Gegenleistung schlug ich
der Frau vor, unsere sehr reichlich gelieferten Lebensmittel — bis
auf den Wein — an sich zur freien Verfügung zu nehmen und
uns dagegen Mittag= und Abendbrot zu liefern; ein Abkommen,

mit welchem die Wirtin, angesichts der hohen Fleisch= u. s. w. Preise
und der Menge des Gelieferten sehr gerne einverstanden war.

Abends gegen 6 Uhr marschirten wir wieder, genau unter
denselben Vorsichtsmaßregeln, bis Schiltigheim und von da nach
Einbruch der völligen Dunkelheit nach vorne, wo wir dieses Mal
zum Arbeitsdienst, speciell zur Erweiterung der gestern unter
unserem Schutze begonnenen Parallele nach Breite und Tiefe auf
die vorgeschriebenen Maße, Verwendung fanden. Da wir im
Schutze der bereits·mehr als meterstarken Erdanschüttung arbeiteten,
gestaltete sich die Sache viel gemütlicher und harmloser, als in der
Nacht vorher, wo unsere einzige Deckung die Dunkelheit gewesen
war und wir an dem einmal eingenommenen Platz gebannt
stundenlang in der Kühle hatten ausharren müssen.

Jetzt war es geboten, durch Hin= und Hergehen die Mann=
schaften beim Arbeiten zu beaufsichtigen; man konnte sich, wenn
auch nicht laut, so doch in gemäßigtem Tone mit den rechts und
links anschließenden Kameraden unterhalten; man brauchte nicht
unausgesetzt nach dem Feinde zu spähen — der sich übrigens auch
in dieser Nacht, ebenso wenig wie in der vergangenen, außerhalb
der Festung zeigte — da andere Truppen die Sicherung nach
vorne übernommen hatten.

Auch die feindliche Artillerie verhielt sich wieder völlig passiv.
Die Finkmattcaserne brannte noch immer, ebenso wüteten größere
Brände in den dicht an das Steinthor angrenzenden Teilen der Stadt.

Um punct 3½ Uhr — am 31. August morgens — wurden
wir diesmal abgelöst und trafen daher schon bald nach 4½ Uhr in
unseren Quartieren ein. Da es heute um so viel früher, verlohnte
es sich auch eher, sich noch einmal niederzulegen, zumal ein völliger
Ruhetag angesagt war.

Die Muße des freien Vormittages wurde dazu benutzt, etwas
Abwechslung in die allmählich sich ziemlich einförmig gestaltende
Verpflegung zu bringen, und da der Hof von einer stattlichen
Schar der weiland Retterinnen des Capitols bevölkert war, so
reifte der kühne Entschluß zur That, es einmal — selbstverständlich
unter Unterstützung der Wirtin — mit einem Gänsebraten zu
versuchen. Da der Geldpunct damals keine Rolle spielte, wurde
ich bald mit der Bäuerin einig, mir einen ihrer Vögel zu über=
lassen und die Zubereitung zu übernehmen.

Ich schwelgte bereits in dem Vorgeschmack des zu erwartenden
Genusses, als ich nach einer kleinen Vormittagspromenade in
Begleitung eines guten Freundes, den ich auf den Extrabraten
eingeladen, gegen 12½ Uhr nach Hause zurückkehrte.

Nachdem der Suppe ihr Recht geschehen, erschien das ersehnte
Festgericht. Wie verlockend hatte ich mir den klassischen Vogel

vorgestellt, so, wie er nur je auf dem mütterlichen Tische in seiner
höchsten Vollendung aufgetragen worden war: knusperig, zart und
saftig, dazu die beliebte Fülle, für die wir in Ermangelung von
Aepfeln oder Kastanien Kartoffeln verabredet hatten! Ein Miß=
lingen war ja nicht möglich, wußte ich doch so viel, daß die Gans
lediglich in ihrem eigenem Fett braten mußte, was war also daran
zu verderben? Daß uns nicht wieder ein solcher Streich vom Ge=
schick gespielt würde, wie an jenem ersten Abend in Oberhaus=
bergen, dafür hatte ich gesorgt, indem ich vor meinen Augen das
Schlachtopfer hatte ausnehmen lassen.

Nach einer längeren, verdächtigen Pause erschien endlich der
Bursche, vorsichtig einen dunkeln schwarzbraunen Gegenstand, der
zwei kohlschwarz gebrannte dünne Beine wie anklagend gen Himmel
streckte, auf einer Platte balancirend.

Das war der Braten! Er sah beinahe aus wie eine Gans,
roch auch — mit Zuhilfenahme einiger Phantasie — wie eine
Gans, schmeckte aber an den Stellen, wo er nicht zur Kohle ver=
brannt war, wenn er überhaupt zu beißen war, nur nach Rauch
und trockenem Faserstoff!

Ich hatte die Wirtin, und vielleicht nicht ohne Grund im
Verdacht, mir die älteste Ahnfrau ihres Hofes, deren gesunde
Constitution allen Angriffen auf Verfettung der Leber erfolgreich
durch Jahre getrotzt haben mochte, als Festbraten verkauft und
dann zur Verdunkelung dieses Thatbestandes absichtlich einer zu
grellen Hitze ausgesetzt zu haben. Kurz, mochte meine Annahme
nun richtig sein, oder hatte nur ein tückischer Zufall die Schuld,
der Braten war bis auf einige Fleischsetzen von der Brust, absolut
ungenießbar.

Schon wollte ich die ganze Schüssel dem verdutzt dastehenden
Burschen zur freien Verfügung überlassen, als mir plötzlich die
Füllung einfiel, die jedenfalls, durch den Leib der Gans geschützt,
dem Verbrennungsproceß entgangen sein mußte. Schönster Hoff=
nung voll, langte ich mit einem Löffel tief in das Innerste, da
der verkohlte Faden keinen Widerstand mehr leistete.

Statt der erwarteten weichen Fülle fand ich ziemlich harte,
kugelartige Körper, deren einen ich schließlich nicht ohne Mühe
aus der Tiefe an das Licht des Tages zu bringen vermochte.
Und was war es? Faustgroße, allerdings geschälte rohe Kartoffeln,
die trotz der Hitze, die der halbverkohlte Braten nach Innen durch=
gelassen, noch vollständig hart wie in ihrem Naturzustande ge=
blieben waren. Das war das Ergebnis bäuerlicher Kochkunst!

Zum Glück hatte der umsichtige Bursche das gewöhnliche
Mittagsbrot nicht ganz in die Haushaltung der Wirtin wandern
lassen, sodaß mein Gast, der, wie ich, die Sache von der humo=

riſtiſchen Seite auffaßte, ſchließlich doch nicht hungrig vom Tiſche aufzuſtehen brauchte.

Mit dieſen Erfahrungen war aber für mich, und zwar für die ganze Dauer des Feldzuges, jede Abſchweifung in das Gebiet der höheren Kochkunſt, namentlich was Geflügel und deſſen Füllung betraf, endgiltig abgethan.

Am Vormittag des 1. September war von 8 bis 10 Uhr Exerciren und Zielen angeſetzt, welches wahrſcheinlich von der Feſtung aus beobachtet werden konnte, denn bald nachdem die Compagnieen zuſammengezogen worden waren, ſchlugen kurz hintereinander einige Granaten ein, die allerdings noch ziemlich weit abblieben, aber doch genügten, den Uebungsplatz an eine weniger eingeſehene Stelle zu verlegen.

Nach den geſtern gemachten Erfahrungen blieb es heute bei der gewohnten Verpflegung, doch war mir und uns allen, wie ich annehmen darf — ganz abgeſehen von dieſen kleinen Mißſtänden—, der Aufenthalt in dem reizloſen Dorfe ſo zuwider geworden, daß wir gradezu mit Jubel die Nachricht begrüßten, abends wieder auf Vorpoſten und von da nicht mehr zurück nach Reichſtett zu kommen.

Um 6 Uhr nachmittags ſtand das Bataillon zum Abmarſch bereit. Der uns ſo wohl bekannte Marſch nach Schiltigheim wurde auch heute wieder unter den üblichen Vorſichtsmaßregeln zurückgelegt, und wir dachten auch heute, entweder zum Ausheben der zweiten Parallele, wie es hieß, oder zum directen Schutz dieſer Arbeit verwendet zu werden, als der Compagnie=Chef und ich zum Bataillons=Commandeur beſchieden wurden, der uns in der zu ebener Erde gelegenen Stube eines Eckhauſes an der großen (Biſchweiler) Straße empfing. Mit der Karte in der Hand, teilte er uns mit, daß in der kommenden Nacht die zweite Parallele ausgehoben werden ſolle, und daß die Compagnie zum Schutze des linken Flügels dieſer Arbeiten auf der nach der Stadt (Contades) führenden Chauſſee vorgehen, ſich des vor der Feſtung liegenden kleinen Wäldchens bemächtigen und ſich dort unter Beihilfe mit= gegebener Pioniere eingraben ſolle. — Gemeint war der hinter Wall und Waſſergraben, über deren Exiſtenz man nicht einmal ganz genau unterrichtet war, liegende Contades. — Mein Zug habe die Tête zu übernehmen und zurück zu melden, ſobald der Südrand des kleinen Waldſtückes erreicht ſei. Selbſtverſtändlich könne nur bei Beobachtung der größen Stille auf einen günſtigen Erfolg gerechnet werden, da jedes vorzeitige Geräuſch den Feind aufmerkſam und unſere Lage zu einer höchſt gefährdeten machen müſſe. —

Das war doch einmal eine Abwechslung gegen das ewige

Arbeiten in der uns nun fast zum Ueberdruß bekannten ersten
Parallele!

Unser Weg führte uns dieses Mal durch die Wehrgasse nach
dem südöstlichen Teile von Schiltigheim, wo in dem ummauerten
Garten hinter dem großen massiven Hause (Nr. 31) ein Schanz=
zeugdepot eingerichtet war, während sich dort gleichzeitig der linke
Flügel der ersten Parallele anschloß. Hier blieb die Compagnie
halten, bis die Dunkelheit erlaubte, unbemerkt vom Feinde den
schützenden Laufgraben zu verlassen und zur Ausführung des
erhaltenen Auftrags zu schreiten.

War es bei früheren Gelegenheiten nötig gewesen, die Mann=
schaften auf besondere Ruhe und Vorsicht speciell aufmerksam zu
machen, so war es heute, wo es direct auf schön chaussirter Straße
gegen die Festung ging, wohl jedem einzelnen Manne klar, daß
jedes, auch das geringste Geräusch vermieden werden mußte, wollten
wir uns den Feind nicht vorzeitig auf den Hals ziehen.

Mit der Spitze trat ich an, während eine kleinere Abteilung
unter Führung eines Unterofficiers mit geringerem Abstand, da=
hinter endlich der Rest des Zuges, folgte. Gleich den Schatten
huschten wir von Baum zu Baum, denn wenn auch der Mond
durch Wolken verhüllt war, so leuchtete doch die noch immer
brennende Finkmattcaserne so weithin, daß bei größerer Aufmerk=
samkeit von den Wällen unsere Annäherung entschieden hätte wahr=
genommen werden müssen. Außerdem war uns gesagt worden, daß
noch in der jüngsten Nacht feindliche Patrouillen in diesem Teile
des Vorgeländes gespürt worden wären; es war daher nötig, von
Zeit zu Zeit einen kleinen Halt zu machen und sich durch das
Gehör gegen Ueberraschung zu sichern. Selbstverständlich hielt
dann auch die ganze nachfolgende Abteilung, was durch Zwischen=
posten mittels leisen Zischens und sonstiger Zeichen weitergegeben
wurde. Es dauerte daher eine geraume Zeit, bis der nur wenige
hundert Schritte betragende Raum von der Herrenschmidtschen
Lohgerberei bis in die Höhe des jetzigen Tivoli von uns zurück=
gelegt war.

Hier fand unser Vordringen zunächst einen Halt dadurch, daß
die kleine, über das „Elsasser Wasser" führende Brücke bis auf
wenige Balken, die nur einzelnen Leuten das Ueberschreiten ge=
statteten, abgebrochen war. Jenseits der Brücke teilte sich der Weg
und führte, wie noch heute, mit scharfer Wendung links nach der
Schützenbergerschen Villa, während der directe Weg nach der
Festung und, soweit er sich übersehen ließ, auch links und rechts
derselben durch das Fällen der sehr umfangreichen Platanen, die
einen zusammenhängenden Verhau bildeten, unpassirbar gemacht
war.

Eine noch weiter vorgehende Schleichpatrouille meldete dann, daß nur wenige hundert Schritte jenseits des nur mit größter Anstrengung zu überwindenden Verhaus ein zweiter Wassergraben sich befinde, hinter dem sich, unmittelbar anschließend, die scharfen Linien der Befestigungswerke erkennen ließen.

Nachdem ich meine Abteilung herangezogen und mich vor allem durch Besetzen der Brücke und Vorschieben von Posten gegen eine Ueberraschung gesichert hatte, untersuchte ich die nächste Umgebung und fand die rechts und links der Chaussee gelegenen Häuser bis auf den gewachsenen Boden niedergerissen und so gründlich zerstört, daß nicht einmal mehr die Kellergewölbe er= halten waren. Trotzdem oder vielmehr grade deshalb bot die links der Straße, wo jetzt das Tivoli steht, gelegene Ruine einen sehr guten Unterkunftsraum für die Feldwache, da man auf den Ueberbleibseln der Kellertreppe, nachdem nur einigermaßen der Schutt weggeräumt war, sehr bequem hinuntersteigen und durch Anlegen eines kleinen Bankets einen zweiten Auf= und Abstieg für den Fall rascherer Besetzung der Gartenumfassung schaffen konnte. Gegen Sicht und directen Schuß hatte man hier die denkbar beste Deckung.

Nicht so günstig lagen dagegen die Verhältnisse für die auf der Oberwelt bleibenden Posten und deren Unterstützung. Der Garten war — wie noch heute — mit einem weißangestrichenen Lattenzaun umgeben, der nicht nur keinen Schutz gewährte, son= dern auch vermöge seiner grell abstechenden Farbe, selbst beim Aufwerfen einer Erddeckung, ein sehr leicht erkennbares Ziel ab= geben mußte.

Zum Ausheben von Gräben sollte es jedoch in dieser Nacht vorerst noch nicht kommen, da das uns zugewiesene Pioniercom= mando ausblieb und meine Leute mit dem wenigen Schanzzeug, welches sie mit sich führten, den harten, kiesigen Boden nicht zu bearbeiten vermochten. Wir halfen uns insofern, daß wir die in großen zusammenhängenden Stücken umherliegenden Ueberreste der Hauswände, die günstigerweise ebenfalls weißgetüncht waren, an den Zaun herantrugen, und so wenigstens eine Deckung gegen Sicht herstellten.

Inzwischen war auf meine, unmittelbar nachdem mir der Verhau Halt geboten hatte, an die Compagnie zurückgeschickte Meldung der Chef persönlich herangeeilt und hatte sich durch eigenen Augenschein und durch die Meldung der obenerwähnten, unterdessen zurückgekehrten Schleichpatrouille von der Unmöglichkeit überzeugt, den erhaltenen Befehl wortgetreu auszuführen. Er billigte die von mir getroffenen Maßregeln und ordnete außerdem an, daß ich, zur Vermeidung unnötiger Verluste, beim Morgen=

grauen in die von der Compagnie hinter dem „Elsasser Wasser", direct südlich der nach der Insel Wacken führenden Brücke, besetzte Hauptstellung zurückkehren und an Ort und Stelle nur einen Lauerposten belassen sollte.

Der Weg nach der Hauptstellung der Compagnie, welcher direct durch eine Oeffnung im Gartenzaun über eine kleine Wiese auf das langgestreckte dicht hinter dem „Elsasser Wasser" liegende Gartenhaus zu führte, wurde zunächst recognoscirt und gleichzeitig die Verbindung nach links mit der den Schützenbergerschen Park besetzt haltenden Nachbarcompagnie aufgenommen.

Der Feind ließ uns völlig unbehelligt, trotzdem man auch dort mit den Vorbereitungen zu dem einzigen größeren Offensivunternehmen der ganzen Belagerungszeit aufs eifrigste beschäftigt war. Zuweilen glaubten wir durch die Stille der Nacht ein Geräusch, wie von laut miteinander redenden Menschen zu vernehmen, über dessen Ursprung uns erst der nächste Morgen Aufklärung brachte, da es von einem Brückenschlag an der Nordecke des Contades herrührte, von wo eine der Ausfallcompagnieen nach der Insel Jars vorbrechen sollte.

Mit dem Einrichten und Verstärken der Stellung, dem Empfangen und Absenden von Patrouillen verging die Nacht, und zwar so rasch durch die selbstständige Thätigkeit, daß ich ganz überrascht war, als ich gegen 4 1/2 Uhr durch eine von dem Repli der Compagnie zurückkehrende Patrouille den Befehl erhielt, mit meinem Zuge nunmehr die Tagesstellung einzunehmen.

Der Unterofficier mit seinen sechs Mann, die den Auftrag hatten, nur zu sehen und sich so unsichtbar wie möglich zu machen, war längst bestimmt, sodaß mein Abmarsch unverzüglich ins Werk gesetzt werden konnte.

Es mochte 4 1/2 Uhr morgens sein! Die letzten Mannschaften hatten die kleine hölzerne Brücke, die mit Oleanderkübeln verbarrikadirt werden sollte, überschritten; ich selbst hatte mich grade beim Compagniechef zurückgemeldet, und von diesem die Anweisung erhalten, im Falle eines Angriffes nach links hin den Raum bis zur Nebencompagnie und zwar längs des einspringenden Bogens des „Elsasser Wassers" zu besetzen, als vorne, von der eben verlassenen Stellung in rascher Folge mehrere Schüsse fielen, und unmittelbar darauf auch die Leute des Unterofficierpostens, wie das gehetzte Wild, in atemlosem Lauf durch Gebüsch und Wasser brechend, bei uns eintrafen; gleichzeitig aber auch rauschte eine Garbe Chassepotkugeln über unsere Köpfe hinweg.

Im Laufschritt führte ich meinen Zug in den zugewiesenen Abschnitt, wo die Mannschaften hinter den mächtigen Stämmen der Platanen eine für die Durchschlagkraft des damaligen Gewehrs

mehr wie genügende Deckung fanden, während das Wasser und
vor allem die Einzäunung des Gartens vor uns, dem Feinde ein
nicht zu verachtendes Annäherungshindernis bereitet haben würde.

Nach links hatten wir engen Anschluß an die Nachbar=
compagnie, deren linker Flügel wiederum in ein lebhaftes Feuer=
gefecht gegen einen für uns noch unsichtbaren Angreifer verwickelt
war.

Rechts von uns hatte der Compagniechef den ersten Zug über
die kleine Wiesenfläche bis an den Rand der Chaussee, wo in der
Nacht bereits Schützenlöcher ausgehoben worden waren, dem Feinde
entgegen geworfen.

Und nun ging hier ein Krachen über die Chaussee hinüber
und herüber in solcher Nähe los, daß man das Feuer mit der
Hand greifen zu können, und den Luftdruck der Schüsse wie einen
Schlag zu spüren vermeinte. Klatschend schlugen die Geschosse
hoch über unseren Köpfen in die Bäume, die wie unwillig über
diese Behandlung uns mit Zweigen und Blättern überschütteten.
Dazwischen mengte sich jetzt die Stimme des groben Geschützes,
dessen Projectile in majestätischem Bogen über uns hinweg in die
rückwärtigen Stellungen flogen, wo man die Reserven vermutete.

Allmählich war die Sonne durchgebrochen und vergoldete die
Spitzen der Bäume, durch deren schwanke, im Morgenwind zittern=
den Aeste ein wolkenloser Himmel blaute. Alles über uns schien
in rosiges Licht getaucht, nur tief unten am Boden ballte sich ein
aus Dunst und Pulverdampf geborener Nebel, aus dem man das
unaufhörliche Aufblitzen der Schüsse nur wie durch einen Schleier
sah. Deutlich hörte man dagegen die anfeuernden Rufe der fran=
zösischen Officiere:

„En avant, mes braves! faites feu! faites feu!", welchen
ein gleichsam wütendes Schnellfeuer von unserer Seite als Ant=
wort folgte.

Jetzt kamen auch schon einzelne leicht Verwundete zurück, die
es jedoch vorgezogen hatten, ihren Weg, gedeckt durch die Ufer=
böschung, durch das Wasser zu nehmen.

Während sich vor der eigentlichen Front meiner Aufstellung
bis jetzt kein Gegner gezeigt hatte, schien plötzlich auch in der
linken Flanke das Gefecht an Heftigkeit zu gewinnen, da von dort
ununterbrochenes Gewehrfeuer herübertönte. Von meinem Zuge
begann jetzt auch die linke Flügelsection zu feuern, wie es mir,
als ich mich sofort dorthin begab, jedoch schien, ohne eigentliches
Ziel, da sich das, was einige Leute für rote Hosen angesehen
hatten, bei näherer Besichtigung als rote Blumen ergab, sodaß ich
sofort das Feuer stoppen ließ, jedoch die größte Aufmerksamkeit
anempfahl.

Da erscheint plötzlich in unserem Rücken von der vom Wacken führenden kleinen Brücke im Laufschritt eine Abteilung; es ist die Unterstützung, die der Bataillonscommandeur den, wie er annehmen muß, hart bedrängten vordersten Compagnieen sendet. Da sich für diesen Zuwachs an Kräften nicht einmal ein Platz findet, von wo ein Gebrauch der Waffen möglich gewesen wäre, kam ich mit dem Führer desselben überein, die Mannschaften, der besseren Deckung wegen, hinter der kleinen künstlichen Anhöhe innerhalb des Schützenbergerschen Gartens aufzustellen, von wo sie bei einem Durchbruchversuch des Feindes sofort zum Gegenstoß herangezogen werden konnten. Freilich mußte erst die hölzerne Einfriedigung des Gartens niedergelegt werden und dies war eine Arbeit, die mit den zur Hand befindlichen Werkzeugen nicht so leicht zu über= wältigen war. Trotzdem die etwa 40 Mann starke Abteilung im Bestreben, sich sobald als möglich dem unheimlich nahen Feuer des Feindes zu entziehen, mit allen Kräften die Umzäunung um= zuwuchten suchte, widerstand der verhältnismäßig schwache Latten= zaun allen Anstrengungen. Erst nachdem die Verbindung an einzelnen Pflöcken durch Losbrechen der Nägel gelöst war, gelang es, eine Lücke zu schaffen, die groß genug war, ein eventuelles Vorbrechen in voller Breite zu ermöglichen. Dazu sollte es jedoch nicht kommen, denn das Gefecht in unserer rechten Flanke erlosch allgemach, da die ausfallende feindliche Abteilung wohl eingesehen haben mochte, daß ein Forciren unserer vordersten Stellung, nach= dem die geplante Ueberraschung mißlungen, nicht mehr möglich und im günstigsten Falle höchstens bis zu dem durch die Aar ge= bildeten Abschnitt führen konnte, wo schon das Gelände Halt gebot.

Die Verluste der Compagnie bezifferten sich auf zwei Tote und acht Verwundete. An einigen auf dem Felde zurückgelassenen Toten, sowie an den dort aufgefundenen Waffen und Mützen er= kannten wir später, daß der Verlust des Feindes wohl etwas größer gewesen und daß unsere Gegner dem 74. Linien=Regiment angehört hatten.

Allmählich erstarb auch das Gefecht in unserer linken Flanke. Dort war es einer französischen Jäger=Compagnie geglückt, von der Spitalgarten=Insel ausgehend, unbemerkt von dem an der Südspitze vom Wacken stehenden Unterofficierposten, den toten Arm zwischen Aar und Ill zu durchwaten und die kleine Abteilung durch Besetzen der im Rücken liegenden Gebäude (Schiffbauerei) zum Aufgeben ihrer Stellung zu nötigen. Der Gegner konnte sich dieses Erfolges nur kurze Zeit rühmen, indem der das Repli der Feldwache befehligende Officier sofort mit einem Halbzuge vor= brach, das Haus im ersten Anlauf stürmte und 1 Officier 6 Mann mit den Waffen in der Hand persönlich gefangen nahm. Hiermit nicht zufrieden, überschritt dieser Officier nun seinerseits mit einer kleineren Abteilung von 20 Mann Freiwilliger den oben erwähnten Flußarm und drang recognoscirend auf der Spitalgarten=Insel in der Richtung auf den Contades vor. Von hier aus wurde die kleine Schar bemerkt, und aus nächster Nähe von einem so heftigen Feuer überschüttet, daß der Führer verwundet zusammenbrach und trotz der Anstrengung seiner Leute, ihn zurück zu schaffen, liegen bleiben mußte, sodaß er, mit noch drei anderen Verwundeten, in Gefangenschaft geriet.

Es war dies der einzige deutsche Officier, der gefangen nach Straßburg kam, wo er sich — im Gegensatz zu der an anderen Orten geübten Praxis sei es hier anerkennend hervorgehoben —, der aufmerksamsten Pflege und der denkbar zuvorkommendsten Be= handlung zu erfreuen hatte. Am 13. September erfolgte bereits die Auswechselung desselben gegen den ehemaligen Commandanten der kleinen Festung Lichtenberg, nachdem der am 2. September gefangen genommene Jägerofficier, der jedenfalls das geeignetste Tauschobject gewesen wäre, „sich nicht mehr hatte ermitteln lassen".

Gleichzeitig mit dem Ausfall gegen Wacken und Jars waren im Westen Königshofen und Kronenburg angegriffen worden. Während die gegen Jars vorgehende Colonne ihrerseits völlig überrascht worden war, und in einen „wahren Hinterhalt" zu fallen glaubte, als sie dort, wo am Abend vorher noch nichts vom Feinde zu sehen gewesen war, plötzlich aus den Stafeten längs der Schiltigheimer Chaussee Feuer erhielt, hatte anderseits der Angriff aus der Mitte der Westfronten den Belagerer völlig un= erwartet getroffen, und es so den ausfallenden Truppen ermöglicht, sich in den Besitz des östlichsten Teiles von Kronenburg, sowie der Bahnhofsrotunden zu setzen. Nach kurzem Kampfe gelang es auch hier, den Gegner sehr bald wieder in die Festung zurückzuwerfen.

Der Verlust des — angreifenden — Verteidigers, 5 Officiere, 130 Mann, überstieg den des Belagerers um die Hälfte! Das ganze Ergebnis des Ausfalles wird daher wohl am besten in den Worten einer Depesche des Generals Uhrich vom 2. September an den Kriegsminister:

„Sortie honorable ce matin, mais chère et sans résultat autre que le respect imposé à l'ennemi"

„Heute Morgen ehrenvoller aber verlustreicher Ausfall. Ein= ziger Erfolg, dem Feinde Achtung eingeflößt zu haben" zusammengefaßt.

Nachdem das Infanteriefeuer erloschen, entbrannte der Ge= schützkampf auf der ganzen Linie mit noch nicht dagewesener Heftig= keit. Unaufhörlich zogen die Geschosse — manchmal in bedenklicher Nähe — über uns hin, da der Feind hauptsächlich die Insel

Wacken, wo die große Lederfabrik sehr bald ein Raub der Flammen wurde, zum Zielpunct nahm. Zudem wurde unsere Aufstellung von den nächstgelegenen Werken aus von einem ununterbrochenen Feuer aus Wallbüchsen und Chassepots überschüttet, da der Weg über das kleine Rasenstück, sowie ein Teil des „Elsasser Wassers" völlig vom Walle aus eingesehen war; es genügte daher die geringste Unvorsichtigkeit, um sofort mit einem höchst persönlich gemeinten Geschosse begrüßt zu werden.

Die Durchschlagskraft der Chassepots war eine so große, daß ein Mann der Compagnie durch ein solches Geschoß, welches das ganze mehrerwähnte Gartenhaus quer durchschlagen hatte, noch schwer verwundet wurde. Trotz dieser nicht einmal gegen Infanterie= feuer Sicherheit gewährenden Deckung, hatte es sich die Compagnie ganz gemütlich gemacht; zwar war an Abkochen nicht zu denken, doch waren alle schon so kriegserfahren geworden, daß niemand ohne gut versehenen Brotbeutel und zweckentsprechend gefüllte Feldflasche sein Quartier verließ. So hockten denn die Leute in Gruppen zusammen und besprachen die Einzelheiten der jüngsten Kampfscenen, hier einen guten Treffer hervorhebend, dort eine komische Situation belachend.

Daß hinter dem Wirtschaftsgebäude zwei stumme Männer lagen, die vor wenigen Stunden noch ebenso frisch im Leben ge= standen und deren Herzblut nun im Sande versickerte, das war, wenn auch nicht vergessen, so doch verblaßt in der egoistischen Regung des Augenblicks, selbst der Gefahr für dieses Mal entronnen zu sein.

Gegen 7 Uhr abends, noch bei hellem Tageslichte zur besseren Orientirung der neu Ankommenden, wurde die Compagnie abge= löst, und rückte über Wacken, vorbei an der brennenden Leder= fabrik — dort die Aar überschreitend — durch die Wehrgasse nach Schiltigheim, wo uns die Nachricht erwartete, daß wir in Bisch= heim Quartier zu beziehen hätten.

Nicht ohne ein Gefühl der Genugthuung schieden wir von unserem vorgeschobenen Posten, war es doch das erste Mal, daß wir in diesem Kriege in solch unmittelbarer Berührung mit dem Feinde, und, wie wir annehmen zu dürfen glaubten, „haud sine gloria" gestanden hatten.

Schon dicht jenseits der über die Aar führenden Brücke wurden wir, d. h. der Compagniechef und ich, von unseren Burschen erwartet, die auf das Gerücht hin, daß die Compagnie im heftigen Feuer stände, und daß der Hauptmann sowohl wie ich gefallen, bezw. schwer verwundet seien, den Versuch gemacht hatten, bis zu uns vorzudringen — ein Vorhaben, welches, so anerkennenswert wie es war, doch an den gemessenen Instructionen des die fragliche Brücke bewachenden Doppelpostens gescheitert war. So hatten die braven Burschen fast den ganzen Tag, unserer wartend, dort zugebracht, während sie jetzt für ihre Freude, uns wieder zu sehen, auch nicht den leisesten Ausdruck fanden, trotzdem in dem stundenlangen Harren wohl der sicherste und beste Beweis ihrer Anhänglichkeit lag.

Auf dem Marsche in die Quartiere erfuhren wir auch das Nähere über den heutigen Ausfall auf dem rechten Flügel und die Verluste, die namentlich östlich des St. Helenenkirchhofes durch eine falsch angesetzte Approche zur zweiten Parallele, die von den Werken der Festung direct eingesehen und bestrichen werden konnte, verursacht worden waren. —

Das mir zugewiesene Quartier befand sich in der Hauptgasse in Bischheim auf der linken Seite bei einem Bäcker. Die Wirte bekümmerten sich wenig um den ungebetenen Gast, zumal sie außer mir noch etwa 25 Mann erhalten hatten, sonst aber zu keiner Naturallieferung verpflichtet waren.

Da wir den Tag über noch nichts Warmes genossen hatten, war verabredet worden, sich um 8½ Uhr im „Cheval blanc" zu treffen, wo bei guter Verpflegung und anregenden Gesprächen noch ein Teil der Nacht verging, bis man endlich daran dachte, den in den letzten 24 Stunden völlig entbehrten Schlaf wenigstens einigermaßen nachzuholen.

Der folgende Morgen — 3. September — brachte nur einen ziemlich spät angesetzten Appell mit Gewehren, wobei der Befehl bekannt gemacht wurde, daß die Compagnie um 6¼ nachmittags zum Abmarsch nach der Insel Wacken, und zwar in Replistellung, bereit stehen solle. Gleichzeitig wurden den Truppen die Depeschen zur Kenntnis gebracht, welche den Sieg bei Sedan meldeten. Ein brausendes „Hurrah" aus mehr als 200 Kehlen beantwortete das Hoch, welches der Compagniechef auf den obersten Kriegsherrn ausbrachte. Selbstverständlich wurden diese Ereignisse, welche in ihrer Großartigkeit alles übertrafen, was nur die kühnste Phantasie zu hoffen gewagt, bei der dem Ausmarsch voraufgehenden kleinen Stärkung im „Cheval blanc", entsprechend gefeiert.

Noch im Laufe des Vormittags hatte ich brieflich in die Heimat von den Vorgängen der letzten Tage berichtet, da als sicher an= zunehmen war, daß die Zeitungen sehr bald Kunde von dieser ersten und letzten größeren Anstrengung der Festung bringen würden, wodurch naturgemäß die Besorgnisse der Angehörigen um die vor Straßburg Stehenden erhöht werden mußten.

Es mochte ein Viertel vor sechs Uhr nachmittags sein; ich war grade im Begriff, mit Hilfe des Burschen die letzte Hand an die Toilette zu legen und die sogenannte Frühstückstasche zum

Ausmarsch zu packen, als plötzlich über meinem Kopfe ein fürchter=
liches Gepolter entstand, während der halbe Giebel, eine Ecke
meiner Stubendecke mit sich nehmend, in den Hof stürzte und
größere Kalk= und Mauertrümmer unter einer Wolke von Staub
auf uns niederprasselten. Eine 24pfündige Granate hatte den
Dachstuhl zerschmettert, dann die Wand des Nebenhauses durch=
schlagen und sich schließlich in einer Zimmerecke — ohne weiteren
Schaden anzurichten — verkrümelt.

Der Bewohner des Zimmers, eine Vicefeldwebel der Reserve
des Regiments, erzählte später nicht ohne Humor, daß er nichts=
ahnend im Bette gelegen habe, als der unliebsame Besuch in
dieser ungeschliffenen Weise seinen Eintritt erzwungen, und daß er
im ersten Augenblick — in unbewußter Erinnerung der Kinder=
zeit — von dem natürlichsten und letzten Hilfsmittel Gebrauch
gemacht und sich die Bettdecke über den Kopf gezogen habe. Als
dann im nächsten Moment das mit Spannung erwartete Krepiren
des Geschosses nicht eingetreten sei, habe er erst ein Auge daran
gewagt, und als auch dieses heil geblieben, sei er in raschem Ent=
schluß aufgesprungen und habe alles, was er an Flüssigkeiten zur
Verfügung gehabt, dem anscheinend „dumm=gutmütig“ in der Ecke
liegenden Ungetüm über den Kopf gegossen.

Zum Glück für den betreffenden Herrn hatte die Granate
nur einen hölzernen, bereits erloschenen Zünder, da der gesamte
Vorrat an metallenen Zündern bei der Beschießung der Citadelle
ein Raub der Flammen geworden war. —

Unter strömendem Regen, begleitet von heftigen Donner=
schlägen, waren die Compagnieen zusammengetreten, wie überhaupt
jetzt eine Regenperiode einsetzte, die man, weil im Widerspruch mit
der Jahreszeit, auf den Einfluß der andauernden heftigen Kanonade
zurückführen wollte, entsprechend den Beobachtungen, die man
unter gleichen Umständen bei der Belagerung von Sebastopol ge=
macht hatte.

Nach kaum halbstündigem Marsche hatten wir unser Ziel
— die Lederfabrik auf der Insel Wacken — erreicht. Noch
unterwegs hörten wir die zur Feier des Sieges von Sedan ab=
gefeuerten drei Generalsalven der gesamten Feldartillerie und aller
Belagerungsbatterieen, die gleichzeitig auch dem Feinde in un=
zweideutiger Weise Kunde von den neuen Erfolgen der deutschen
Waffen geben sollten.

Glücklicher Weise brauchte die Compagnie nicht auf Vor=
posten, sondern bezog eine Replistellung in dem kleinen, von
Mauern umgebenen, an der die Insel Wacken von Westen nach
Osten durchschneidenden Chaussee gelegenen Landhause (Nr. 3).
Hier wurden die Mannschaften in den Nebengebäuden unter=

gebracht, während die Officiere in dem Herrenhause ein verhältnis=
mäßig behagliches Unterkommen fanden.

Mit Wein und Essen hatten wir uns reichlich versehen,
Zeitungen waren in Menge vorhanden, und als wir mit der
Cigarre im Munde, im harmlosen Geplauder mit den Kameraden
auf der Matratze lagen, trug der gleichmäßig niederrieselnde
Regen erst recht zur Gemütlichkeit bei. Allmählich verstummte
unter dem einschläfernden Einfluß der fallenden Tropfen das
Gespräch, während gleichzeitig der immer regelmäßigere und voll=
tönendere Schnarchchor bewies, daß die Mehrzahl sanft ent=
schlummert war.

Es mochte gegen die erste Morgenstunde sein, als wir plötzlich
durch ein immer lebhafter werdendes Gewehrfeuer aus der Rich=
tung der Herrenschmidt'schen Lohgerberei — rechts von uns —
aufgeweckt wurden.

Der erste Gedanke war natürlich, daß ein erneuter Ausfall
gegen unseren — den linken — Flügel der Angriffsfront im Werke
sei. Um Gewißheit darüber zu verschaffen, anderseits aber um bei
dem immer zunehmenden Feuer gleich als Unterstützung zur Hand
zu sein, wurde ich mit meinem Zuge nach dem bedrohten Flügel
entsendet.

Dank der noch bei hellem Tage, unmittelbar nach unserem
Eintreffen in der Replistellung, nach allen Richtungen vorgetriebenen
Patrouillen, kannten einige Leute den Weg zu der angeblich be=
drängten Compagnie, denn sonst wäre es bei der wahrhaft ägyp=
tischen Dunkelheit und bei den vielfach verschlungenen Wasser=
läufen, ein Ding der Unmöglichkeit gewesen, das uns gesteckte
Ziel zu erreichen.

Mit den gegendkundigen Mannschaften an der Spitze, durch=
schritten wir die weitläufigen Gehöfte der Herrenschmidt'schen Loh=
gerberei und befanden uns schließlich an einem canalartigen Wasser=
laufe (Aar), über den nach meiner Instruction hier eine Brücke
führen mußte. Richtig, da war auch ein solches Verkehrsmittel!
Ich gehe einige Schritte vor, um die Haltbarkeit des schmalen
Bauwerks zu prüfen, und — werde vor einem Sturz ins Wasser
nur durch die Geistesgegenwart des mir unmittelbar folgenden
Gefreiten bewahrt, der gesehen, daß die sogenannte Brücke ledig=
lich eine Anlegestelle war, und mich noch im letzten Moment
zurückgerissen, und so vor einem unfreiwilligen Vollbade gerettet
hatte.

Mit Rechtsum weitergehend fanden wir bald eine zweite
ähnlich täuschende Stelle, deren für unsere Zwecke mangelhaften
Zustand wir jedoch, einmal mißtrauisch und dadurch vorsichtig ge=
worden, noch rechtzeitig erkannten.

Die Lage war kritisch, denn während wir vergeblich nach einem Uebergange suchten, knallte es vor uns immer toller, und unsere Hilfe war vielleicht dringend nötig!

Wie gerufen kam in diesem Augenblick eine der von mir vorausgesendeten Patrouillen zurück, welche die Meldung brachte, daß ungefähr 100 Schritte weiter rechts eine dritte, gangbare Brücke von den Pionieren geschlagen sei.

Diese neue Brücke führte aus dem Herrenschmidt'schen Garten, da wo die Aar sich der Schiltigheimerstraße in ausspringendem Bogen nähert, direct in den Garten des Hauses Nr. 14. Zur leichteren Verbindung nach rückwärts war ein Teil der Gartenmauer niedergelegt — noch heute an der verschiedenen Farbe des Bewurfes, wie an den fehlenden eisernen Abwehrern kenntlich. Das Haus Nr. 14 selbst fanden wir durch das Soutien der Vorpostencompagnie besetzt und dort auch den Compagnieführer, der uns über das inzwischen plötzlich wie abgeschnitten erloschene Feuer dahin belehrte, daß zwei Züge seiner Compagnie, welche die jenseits der Chaussee liegenden Gebäude besetzt hatten, irrtümlich aus den Laufgräben beschossen worden seien, und daß er durch Patrouillen die Sache habe aufklären lassen. Glücklicherweise hatte die Schießerei keine Opfer gefordert, zumal die beschossenen Züge in richtiger Erkenntnis der Sachlage auch nicht mit einem Schusse geantwortet hatten.

Meine Hilfe war also nicht nötig, und die ganze Expedition die nassen Füße nicht wert, die man sich dabei geholt.

Zum Repli zurückgekehrt, und nachdem ich meine Meldung abgestattet, that eine heiße Tasse Thee „mit Schuß" recht gut, sodaß ich mich für den Rest der Nacht, welcher ohne jede Störung blieb, eines erquicklichen Schlafes erfreuen konnte.

Auch von den Vorpostencompagnieen war nichts Neues vom Feinde gemeldet worden, dagegen war bedauerlicherweise eine der ins Vorgelände gehenden Schleichpatrouillen auf dem Rückwege in der Dunkelheit für Feinde gehalten und ein Mann töblich getroffen worden.

Ergreifend war der Anblick des auf einer Tragbahre liegenden, durch den Unterleib geschossenen Mannes, der bei vollem Bewußtsein mit leiser Stimme bat, „seine Mutter zu benachrichtigen, aber nicht zu sagen, daß er durch die Hand eines Kameraden gefallen sei".

Da es sich bei näherer Untersuchung ergab, daß der Thäter, der sich in übertrieben maßloser Weise wie toll gebärdete, auf seinem Posten geschlafen, und, von dem Geräusch der zurückkommenden Patrouille geweckt, ohne anzurufen geschossen hatte, so war eine gerichtliche Feststellung des Thatbestandes notwendig.

Zu dem Verhör, welches in Bischheim stattfinden sollte, da der untersuchungsführende Officier des Bataillons das notwendige Schreibmaterial selbstverständlich nicht mit sich auf Vorposten führte, wurde ich als Beisitzer commandirt.

Bevor wir uns jedoch mit unserem Arrestanten, der durch einen Unterofficier und einen Mann transportirt werden sollte, auf den Weg machten, wurde von einer anderen Vorpostencom= pagnie ein Civilist eingebracht, der sich in verdächtiger Weise in den teilweise zerstörten Landhäusern und Anlagen vor unserer Stellung herumgetrieben hatte. Da der Betreffende — ein ver= wegen aussehender Kerl — trotzig jede Antwort verweigerte, wurde auf Befehl des anwesenden Bataillonscommandeurs zu einer Körperdurchsuchung geschritten, die, außer einem großen Einschlagmesser, Pulver, Blei, Zündhütchen und 43 Franken an barem Geld noch einen Schein zutage förderte, nach welchem der Besitzer aller dieser Dinge noch Tags zuvor in Straßburg gewesen sein mußte. Da das verdächtige Individuum unter allen Umständen aus dem Bereiche unserer Vorposten zu entfernen war, ordnete der Bataillonscommandeur die Ablieferung desselben an die höhere Commandobehörde an, sodaß sich unser Zug nach Bischheim um einen Kopf verstärkte.

Um jedes Entspringen unmöglich zu machen, wurden dem „Spion" die Knöpfe für die Hosenträger abgeschnitten und ihm gleichzeitig bedeutet, daß jeder Fluchtversuch sofortigen Gebrauch der Schußwaffe nach sich ziehen würde.

Durch die verödeten Gassen kamen wir unbehelligt von einzelnen Granaten, die in hohem Bogen über uns weggingen, nach Bischheim, wo in dem Quartier des Adjutanten das ordnungs= mäßige Verhör des unglücklichen Thäters stattfand, während der Civilist der Cantonnementswache mit einer entsprechenden schrift= lichen Meldung übergeben wurde.

Da der Missethäter ohne Weiteres geständig und nicht einmal ein Beschönigen seiner folgenschweren Fahrlässigkeit versuchte, war das Verhör bald zu Ende; es erübrigte nur die Abgabe des schweren Falles an das Kriegsgericht, weil die zu erwartende Strafe die Competenz des Standgerichtes weit überschreiten mußte.

Da wir uns im Vergleich zur Vorpostenstellung sozusagen in civilisirten Verhältnissen befanden und uns gleichsam wie auf Ur= laub vorkamen, so wurde nach altem Soldatenbrauch, „zu essen und zu schlafen, sobald Gelegenheit da ist", vor unserer Trennung ein rascher kleiner Imbiß im „Cheval blanc" genommen.

Nach Erfüllung dieser „Pflicht" machte ich mich allein — der Adjutant wurde durch den Befehlsempfang in Bischheim zu= rückgehalten — auf den Weg zu unserer Repliftellung. —

Während man in Bischheim noch vereinzelte Einwohner auf den Straßen zu sehen gewohnt war — heute sogar in größerer Anzahl und des Sonntags wegen in festtäglicher Kleidung —, traf ich in Schiltigheim ungefähr von der Kirche ab, außer einer einzelnen Patrouille, niemanden mehr an. Völlig ausgestorben waren die bekannten Gassen.

Hier lag das Haus mit der blau=grün gemalten Landschaft unter dem Ueberbau — „au miroir" —, das mir schon am 18. August, als wir in der Erwartung, direct ins Gefecht zu kommen, die Straßen durcheilt hatten, ins Auge gefallen war! Am Ende der Hauptgasse rechts die Rosenstiehlsche Brauerei, die uns so oft beherbergt! — wie unendlich lange schien schon die da= zwischen liegende Zeit! Weiterhin das Wegekreuz am „Sternenberg" mit seiner längst nicht mehr besetzten Barrikade, mit seinen zur Verteidigung eingerichteten Gebäuden! Alles öde und verlassen!

Aber noch öder und doppelt spukhaft durch den Gegensatz der im Zenith stehenden Sonne zu der hier herrschenden Ein= samkeit, breitete sich die Wehrgasse vor mir aus. Grell lag der Sonnenschein eines klaren Herbsttages auf der schlafenden Straße. Kein lebendes Wesen war zu sehen! Haus für Haus mit fest verschlossenen Thüren und Fensterläden — von welchen die meisten, wie auch die Mehrzahl der Dächer, die Spuren von Granaten zeigte — reihte sich in traumhafter Ruhe aneinander, als warteten sie auf das erlösende Wort, das den Zauber brechen sollte.

Dazu kam, und für meine persönliche Stimmung nicht ohne Ein= fluß, daß ich nun seit Wochen des Alleinseins fast entwöhnt war, und, nur den Massenschritt im Ohr, jetzt eigentümlich durch den Widerhall der eigenen Tritte berührt wurde.

Zwar tobte der Geschützkampf unausgesetzt fort, allein an dieses Geräusch hatte sich das Ohr bereits derartig gewöhnt, daß es sozusagen mit zur Staffage gehörte.

Das Gefühl, welches mich beschlich, war durchaus nicht das der Furcht, sondern mehr der tödtlichsten Einsamkeit und Verlassen= heit, und schier endlos dünkte mich der nur wenige hundert Meter betragende Weg, der mich noch von den Waffengefährten trennte. Wie von einem Alp befreit, atmete ich daher auf, als ich mit dem Anblick des, an der Biegung der Aar liegenden Schanzzeugdepots die ersten menschlichen Stimmen wieder hörte, und den Doppelposten an der Brücke in eiserner Ruhe seines Amtes walten sah. —

Der Rest des Nachmittags verlief ohne besonders bemerkens= wertes Ereignis, ebenso wie der Abend, der, nachdem wir um 6 Uhr abgelöst worden waren, wieder im „Cheval blanc" seinen würdigen Abschluß fand.

Nach spätem Aufstehen — am 5. September — wurde der freie Vormittag zum Briefschreiben benutzt, da uns für die nächsten Tage ein 48stündiger Vorposten=, bezw. Replidienst angesagt war. Ebenso waren Officiere und Mannschaften angewiesen, sich für mindestens 24 Stunden mit Lebensmitteln — die selbstverständlich und in reichlichstem Maße geliefert worden waren — zu versehen, da vor dem nächsten Abend an ein Abkochen gar nicht zu denken sein würde.

So erschien denn alles bei dem um 5 Uhr befohlenen An= treten mit wohlversorgten Brotbeuteln, aus welchen fast aus= nahmslos, neben der gefüllten Feldflasche, ein mehr oder minder viel versprechender Flaschenkopf hervorlugte.

Unser Bestimmungsort war wieder Wacken, aber dieses Mal die Feldwache auf dem linken Flügel, wo am Morgen des 2. September der feindliche Ueberfall erst geglückt, dann aber durch erfolgreichen Gegenstoß zurückgewiesen worden war.

Wir marschirten an unserer gestrigen Replistellung, an der noch immer rauchenden Lederfabrik vorbei, und folgten dann — längs der dunklen Allee — der Aar bis an die äußerste nach Süden vorspringende Spitze der Insel Wacken. Hier, an der Schiffbauerei, war die Stellung, die ich mit meiner Feldwache besetzen sollte. Sowohl dem äußeren Anscheine nach, wie nach den Mitteilungen der abzulösenden Kameraden, war der Aufent= halt nicht gerade ein gemütlicher zu nennen.

Das Dach des mitten in der Stellung liegenden Hauses zeigte einen verdächtigen Mangel an Ziegeln, die Fachwerkwände waren an verschiedenen Teilen von Granaten durchschlagen, sodaß mein Vorgänger, wie es mir schien, mit vollem Recht, vorgezogen hatte, im Freien hinter dem, eine etwa einen Meter hohe Brust= wehr bildenden Schiffsbauholz, sich und seine Mannschaft unter= zubringen. Auch hier zeigten sich Schußkanäle, die zwar ein sehr günstiges Zeugnis für die Durchschlagskraft der französischen Wall= büchsen und Chassepots abgaben, jedoch durchaus nicht geeignet waren, den neuen Posten in behaglicherem Lichte erscheinen zu lassen.

Rechts und links war unsere Stellung von der Aar um= flossen, sodaß wir uns wie auf einer Halbinsel befanden. Während wir nach rechts Fühlung, allerdings nur durch das Auge, mit der Nachbarcompagnie im Schützenbergerschen Garten hatten, waren wir für die Sicherung unserer linken Flanke auf uns selbst ange= wiesen. Zur wirksamen Ausübung derselben diente ein halbver= senkter Kahn, vermittelst dessen ein fortwährender Patrouillengang nach der gegenüberliegenden Spitalgarteninsel unterhalten werden sollte.

4

Infolge des dichten Anbaues war das Vorgelände nur auf eine ganz kurze Strecke zu übersehen. Für die in die äußerste Südspitze der Insel vorgeschobenen Posten waren daher Schützen= löcher ausgehoben. Da hinter dem aufgestapelten Bauholz höchstens für einige zwanzig Mann Platz war, ließ ich hinter dem Hause einen breiten Graben ziehen, wohin der Rest meines Zuges kam, während ich für meine Person mit der Ablösung der Doppelposten, hinter den, durch einen Erdaufwurf verstärkten, Brettern mein Hauptquartier aufschlug.

Nachdem die Posten ausgesetzt, die Ablösung und die Pa= trouillen abgeteilt, sowie die sonstigen Einrichtungen getroffen waren, fing ich an mich bald ganz gemütlich zu fühlen, denn bei einiger Aufmerksamkeit war eine Ueberrumpelung unserer, von zwei Seiten von Wasser umgebenen Stellung nicht zu befürchten. Außerdem hatte die Kenntnis, daß hier schon einmal ein Ueber= fall erfolgreich in Scene gesetzt, entschieden sinneschärfend auf meine Mannschaften eingewirkt, abgesehen davon, daß ich mich auch ohne dieses Reizmittel auf die Umsichtigkeit der zum Patrouillen= gang ausgesuchten Leute verlassen konnte.

Das mitgebrachte Abendbrot, bestehend aus geräuchertem Speck, Brot, Chocolade und einer im „Cheval blanc" erstandenen „besseren" Flasche Rotwein, wurde noch im Hellen vertilgt, dann die Cigarre angezündet und der Platz derartig gewählt, daß ich den Uebergang über den toten Arm der Ill, sowie die südliche Landspitze im Auge behalten konnte.

Daß wieder einmal an Schlaf für mich nicht zu denken war, lag auf der Hand; die Verantwortlichkeit war zu groß und die Möglichkeit eines feindlichen Angriffes noch dadurch gesteigert, daß der Verteidiger seit dem 2. September angefangen hatte, sich auf der Südspitze der Insel Jars dauernd festzusetzen. Er hatte dort die vor dem Retranchement Contades an der Straße nach Schiltigheim liegende Häusergruppe, das „graue Haus", wie es officiell bei uns hieß — jetzt Kaiser Friedrichstraße 28/30 —, zur Verteidigung eingerichtet, und den schon früher erwähnten Verhau quer durch das ganze Südende der Insel erweitert. Außerdem hatten sich seit diesem Tage kleinere Ausfälle fast täglich wiederholt, wie überhaupt die Verteidigung an Lebhaftigkeit gewonnen hatte. Die Spitalgarteninsel, welche direct vor uns lag, war zudem stets von feindlichen Patrouillen durchstreift worden.

In meinem, durch die Verhältnisse bedingten Vorsatze, unter allen Umständen wach zu bleiben, wurde ich in einer Weise unter= stützt, wie ich es mir, wenn ich nur diesen Zweck vor Augen hatte, gar nicht besser wünschen konnte.

In der windstillen Nacht erhob sich aus dem feuchten, von

ungezählten Wasserläufen durchzogenen Grunde ein solcher
Schwarm jener geflügelten musikalischen Quälgeister, wie ich ihn
mir, als möglich, nur unter den Tropen vorgestellt hatte. Mit
einer wahren Wut, als ob auch sie an der Verteidigung des
Bodens teilnehmen wollten, ergossen sich immer neue Cohorten in
blutsaugerischer Gier über Kopf, Hals und alle nicht durch doppelte
und dreifache Bedeckung geschützten Körperteile. An den Hand-
schuhen fanden sie mit Geschick jede Naht, jede dünne Stelle heraus,
um ihren Blutdurst zu stillen.

Da half kein Umsichschlagen! Für ein Dutzend Getöteter
traten Hunderte in die Bresche; kaum vermochte die brennende
Cigarre Nase und Augen vor den Stichen der kleinen Unholde
zu schützen; Hals und Nacken waren ihnen trotz allen Qualmens
rettungslos preisgegeben. Wenn auch als letztes Mittel ein paar
um den Hinterkopf, nach Art des Tropenschleiers, geschlungene
Taschentücher einigermaßen Erleichterung verschafften, so fingen
doch die bereits gestochenen Stellen derartig an zu brennen,
während das Concert ununterbrochen seinen Fortgang nahm, daß
ich nur mit Schaudern jener Nacht gedenke.

Die Mannschaften schienen weniger zu leiden oder unempfind-
licher gegen diese Nadelstiche des Geschickes zu sein, denn ein voll-
tönender Schnarchchor verriet mir bald, daß ich mit Ausnahme
der in geringer Entfernung vor uns eingegrabenen Posten so
ziemlich der einzige war, der noch wachte.

In regelmäßigen Abständen kamen die Patrouillen zurück,
doch war der Gang derselben so geregelt, daß immer die nächste
Patrouille bereits unterwegs war, bevor die erste sich zurückgemeldet hatte, sodaß sich mindestens eine Patrouille stets im Vorgelände befand.

Mit der kühler werdenden Morgenluft hatten sich zwar die
Mücken verzogen, dagegen übernahm jetzt die zunehmende Frische
deren Stelle als Schlafverscheuchungsmittel. Und eines solchen
bedurfte ich auch allmählich, da ich mich nur noch mit Aufbietung
aller Willenskraft des Schlafes zu erwehren vermochte, der in
diesen Stunden doppelt verhängnisvoll werden konnte, da grade
mit Tagesanbruch die kleinen Neckereien zu beginnen pflegten.

Von 3½ Uhr ab hielt ich deshalb auch einen Teil der Leute
wach, doch ließ ich die größte Ruhe beobachten, um einem vielleicht
unvorsichtig vordringendem Feinde einen möglichst warmen Empfang
bereiten zu können.

Um 4½ Uhr — 6. September — hörten wir deutlich in der
Festung die Reveille blasen und konnten von nun an mit ziemlicher
Sicherheit auf einen der so beliebten Morgenspaziergänge unserer
Gegner rechnen, die sie gewöhnlich um diese Zeit zu machen

pflegten, um fich, wie unfere Truppen fagten: „Kartoffeln zu holen".

Bald zeigten fie fich auch durch ein paar Schüffe auf eine grade das Waffer überfchreitende Patrouille an; da wir jedoch nichts fehen konnten, ließ ich das Feuer nicht erwidern, dagegen der in dem Schützenbergerfchen Garten liegenden Compagnie melden, daß fich einige Geftalten nach rechts gezogen hätten.

Unfere Füfiliere waren aber auf dem Poften, und bald knallte es rechts von uns auf der ganzen Linie.

Unterdeffen war es hell geworden, fobaß wir einzelne feind= liche Schützen in der Entfernung von etwa 350 Schritt deutlich erkennen konnten. Nun gab es auch kein Halten für meine Leute mehr, und im nächften Augenblick krachten die Zündnabelgewehre rings um mich her.

Der Gegner blieb die Antwort nicht fchuldig. Ganze Lagen von Gefchoffen flogen über uns weg, um in das hinter uns liegende Haus, wo der Feind offenbar unfere Stellung vermutete, einzufchlagen, fobaß die Dachziegel praffelnd zerfprangen und was von Fenftern noch vorhanden, in taufend Scherben zerfplitterte.

Meine Vorficht, die frifch aufgeworfene Erde mit Gras und Strauchwerk zu bekleiden, wodurch fich unfere Barrikade kaum vom Boden abhob, hatte fich trefflich bewährt, denn trotz des mindeftens zweiftündigen recht heftigen Feuers war der ganze Erfolg ein am oberen Teil des Schaftes leicht geftreiftes Gewehr. Dank diefer Erfolglofigkeit wuchs das Selbftgefühl meiner Leute fo ftark, daß ich nur fteuern mußte, daß fie nicht in Unterfchätzung des Gegners fich allzu leichtfinnig ausfetzten.

Vom Feinde, dem wir nach den fpäter aufgefundenen Ge= wehren nicht ganz fo unfchäblich gewefen waren, fahen wir hin und wieder einmal eine Mütze, hörten dagegen fortwährendes Trompeten, vermifcht mit lauten Commandorufen. Zu einem directen Angriff kam es jedoch trotzdem nicht. Nach ungefähr zweiftündigem Hin= und Her=Geknalle fchien man beim Gegner genug Kartoffeln geholt zu haben, und fo erlofch das Feuer all= mählich, um gegen 1 Uhr nachmittags nochmals in derfelben zwecklofen Weife von neuem zu entbrennen, und faft den ganzen Nachmittag durch fortzubauern. Ich ließ fchließlich nur noch einzelne meiner Leute antworten, dagegen fcharf auslugen, um nicht überrafcht zu werden.

Als wir gegen 6 Uhr abgelöft wurden, fielen noch immer einzelne Schüffe, grade genügend, die neu Aufziehenden zur nötigen Vorficht zu mahnen. —

Da diefes Mal der 48ftündige Turnus unfere Compagnie getroffen hatte, gingen wir nicht in die Quartiere, fondern in die uns schon bekannte Replistellung, in dem Gartenhause vorwärts der Lederfabrik, zurück. Als wir dort ankamen, herrschte in dem vorderen Teil des Gartens ein eigentümliches Leben. Auf dem Rasenplatz, wo früher ein großes Blumenbeet seine bunten Kinder gezeigt hatte, waren Fässer mit Teer, Pech, Petroleum, Haufen von Stroh und Kienholz, kurz alle zu einer richtigen Mordbrennerei nötigen Erfordernisse aufgespeichert. Der Anschlag galt dem oben schon erwähnten Verhau und dem „grauen Haus", welches von den Batterieen nicht zu fassen und durch sein flankirendes Feuer dem linken Flügel der zweiten Parallele schon wiederholt höchst lästig gefallen war.

Zur Ausführung des Unternehmens waren von jeder Compagnie des Bataillons ein Officier, ein Unterofficier und sechs Mann bestimmt. Da sich von meinem Zuge allein drei Unterofficiere und mehr Leute freiwillig meldeten, als ich anstellen konnte, so suchte ich die sechs verwegensten Kerle aus und gestattete sämtlichen drei Unterofficieren, sich an der Expedition zu beteiligen.

Nachdem das Brennmaterial nach Einbruch der Dunkelheit in aller Stille an vier verschiedenen Stellen aufgehäuft worden war, sollten die vier Führer zum Repli zurückkommen, um dann gleichzeitig wieder vorgehend auch ein gleichzeitiges Anstecken des Verhaues zu ermöglichen. Man wollte dadurch das Aufflammen an e i n e r Stelle vermeiden, welches die Aufmerksamkeit des Feindes sofort auf sich ziehen und somit die Ausführung des Planes an anderer Stelle, ganz abgesehen von der notwendig sich verbreitenden Helle, um so gefährlicher machen mußte.

Den zur Deckung der Vorbereitungen zurückgelassenen Mannschaften war von jedem von uns nur gesagt worden, daß im Falle einer feindlichen Störung — um nicht die ganze Arbeit nutzlos unternommen zu haben — unter allen Umständen beim Zurückziehen der Verhau vorher anzuzünden sei.

Der mir zugewiesene Teil befand sich direct vorwärts der in der Ausfallnacht vom 1. zum 2. September innegehabten Stellung an der Schiltigheimer Straße (Tivoli), sodaß wir so zu sagen in ganz bekanntem Gelände zu arbeiten hatten.

Vorgeschriebenermaßen trafen wir vier Officiere beim Repli zusammen; doch hatten wir uns kaum wieder getrennt, als der Verhau auf dem rechten Flügel — das „graue Haus" war von der betreffenden Abteilung nicht zu erreichen gewesen — in Flammen aufging, und unmittelbar darauf auch die beiden Stellen links von mir ihren Feuerschein, noch dazu in der Richtung meines Wirkungskreises, zu werfen begannen.

In der Erwartung, jeden Moment mit einem Hagel von Geschossen überschüttet zu werden, beflügelte ich meine Schritte, um wenigstens „mein Licht auch noch leuchten zu lassen".

Beim Feinde regte sich jedoch nichts, sodaß ich, an meiner Stelle angelangt, meine Leute ruhig auf ihrem Posten fand und nun vorsichtig zünden ließ.

Haushoch schlugen die Flammen in die Höhe, uns und die nächste Umgebung mit blutigrotem Lichte übergießend. Gierig leckten sie an den fett= und pechgetränkten Strohbündeln, die zum Teil wie die Irrwische durch die Luft flogen; doch dem Verhau selbst, aus gewaltigen jüngst erst gefällten Bäumen, die noch außerdem durch einen vor wenig Stunden niedergegangenen Ge= witterschauer schwer von Feuchtigkeit gesättigt waren, vermochte — das sah ich schon an Ort und Stelle — das bißchen Flacker= feuer nichts anzuhaben.

Und so geschah es auch; in kurzem sank die Flamme in sich zusammen und erlosch, nachdem sie kaum mehr als die äußersten Zweige angesengt hatte. Der ganzen Liebe Müh, die ganze Ar= beit war umsonst verschwendet, und nur die Fett= und Teerflecken, die sich die Mannschaften dabei geholt, und die einige noch bis zu Ende des Feldzuges mit sich herumtrugen, gaben Zeugnis von der beabsichtigten Mordbrennerei, die noch durch die Herein= ziehung des „grauen Hauses" eines romantischen Anstriches nicht entbehrt hatte.

Mit alle dem war es morgens 1 Uhr geworden. Totmüde warf ich mich, in die Replistellung zurückgekehrt, wie ich ging und stand, auf eine Matratze, um nach einigen Stunden traumlosen Schlummers frisch und munter zu erwachen. —

Im Verlauf des Vormittags des 7. September erhielt die Compagnie den Befehl unter Aufsicht von Officieren, die Keller= gelasse der innerhalb der Vorpostenstellung gelegenen Häuser nach telegraphischen Leitungen und Minengängen, die angeblich von da nach Straßburg führen sollten, zu untersuchen.

Offenbar hatte man es hier mit denselben Tataren=Nachrichten zu thun, die mich ganz am Anfange der Cernirung zu jener famosen Durchsuchung des Karlsklosters veranlaßt hatten. Der Reiz des Geheimnisvollen und Furchtbaren, der mit der Anlage und Wirkung von Minen verknüpft ist, hatte unzweifelhaft be= fruchtend auf einzelne Gemüter der Einwohnerschaft der umliegen= den Orte gewirkt, denn schon seit den ersten Tagen der Einschließung waren Meldungen über Minen und unterirdische telegraphische Leitungen eingegangen, die zwar so unwahrscheinlich wie möglich waren, aber doch nicht ganz unbeachtet bleiben durften. So waren, auf die Aussagen eines Maurers (Wagner: Belagerung von Straßburg), der lange in Straßburg gearbeitet haben wollte, die

Bierkeller der am äußersten Südrande von Schiltigheim liegenden
Brauereien noch am 3. September durch Mineure untersucht
worden, weil angeblich Minengänge von der Festung bis in diese
800 Schritt entfernten Keller reichen sollten! — Freilich ohne
jeden Erfolg, und ebenso erfolglos waren auch unsere Durch=
suchungen.

In einem einzigen Hause fanden wir im Keller eine frisch
gemauerte Wand, die unter diesen Umständen natürlich eingerissen
wurde, ohne jedoch etwas anderes als die Möbel der „guten Stube"
dahinter zu ergeben. —

Der Himmel hatte einmal wieder alle seine Schleusen auf=
gezogen, als wir um 6 Uhr nachmittags abgelöst wurden und in
die alten Quartiere nach Bischheim zurückmarschirten. Die Aus=
sicht, unter Dach und Fach zu kommen und morgen einen
völligen Ruhetag zu haben, ließ die Unbilden der Witterung
jedoch leichter ertragen. Der Abend schloß, wie gewöhnlich, im
„Cheval blanc", und wurde trotz des vorhergegangenen 48stündigen
Dienstes ziemlich weit in die kleinen Morgenstunden ausgedehnt,
wußte man doch schon aus Erfahrung, daß der dem Ruhetag
vorhergehende Abend, mit der Freude auf den Ruhetag, weit
genußreicher als dieser selbst zu sein pflegte.

Was sollte man auch in dem erbärmlichen Quartier, in
welchem sich, außer einem Strohstuhl und dem Bett, keine Sitz=
gelegenheit fand, noch dazu bei dem Wetter anfangen? Für
1—2 Stunden hielt allenfalls das Briefschreiben vor, Zeitungen
waren nicht regelmäßig vorhanden und waren auch rasch durch=
flogen, sonstige Lectüre gab es nicht — die im Tornister mit=
geführten Faust und Werthers Leiden — fast hätte ich Werders
geschrieben! — paßten nicht immer in die Stimmung; die Kameraden
wohnten in ähnlichen Gelassen; im „Cheval blanc" konnte man
auch nicht den ganzen Tag liegen — kurz und gut, so ein Ruhe=
tag war nur am Vorabend schön, und darum mußten diese kurzen
Stunden des Genusses auch voll ausgekostet werden. „Carpe diem"
gilt, wenn irgendwo, am ehesten im Kriege!

An diesem Abend hatten wir außerdem im „Cheval blanc"
die Bekanntschaft eines italienischen Kriegscorrespondenten gemacht,
der mit der ganzen Harmlosigkeit fremder, namentlich west=
europäischer Nationen, ohne ein Wort Deutsch zu kennen und mit
nur sehr mangelhaftem, schwer verständlichem Französisch ausge=
rüstet, sich doch Mannes genug fühlte, seinen Landsleuten als
Augenzeuge vom Kriegsschauplatze zu berichten. Hoffentlich hat
der betreffende Herr, der übrigens im Besitze der vollgiltigsten
Papiere und eines Erlaubnißscheines des Generalcommandos war,
nicht alles wörtlich an sein Blatt gemeldet, was wir ihm auch

nicht grade in reinstem Akademie-Französisch an jenem Abend zum
besten gaben.

Der folgende Morgen — 8. September — grau in grau —
nicht nur von außen, sondern auch von innen! War es die
natürliche Reaction nach den vergnügten Abend= und Nachtstunden,
oder machten sich die Folgen der in nassen Kleidern und vor allem
in nassem Schuhwerk durchschlafenen vorletzten Nacht geltend?
Ich muß das letztere annehmen, denn in jener Zeit konnte ich viel
vertragen und mit Heinrich Heine sagen: „Die Bescheidenheit er=
laubt mir nicht das Quantum zu nennen."

Ein forcirter Ritt von mehreren Meilen, die heilsame
Wirkung des Opiums, sowie ein steifer Grog vor der früh an=
getretenen und bis zum Mittag verlängerten Nachtruhe stellten
mich rasch wieder her, sodaß ich am folgenden Nachmittag
— 9. September — munter und frisch trotz schlechtesten Wetters
mit auf Vorposten ziehen konnte, wo wir dieses Mal auf dem
rechten Flügel in den vor der Herrenschmidt'schen Lohgerberei
liegenden Häusern Verwendung fanden.

Es war dies dieselbe Stellung, zu deren Unterstützung ich
in der Nacht vom 3. und 4. September infolge des falschen Alarms
geschickt worden war; insbesondere kam mein Zug in das erste
Haus dicht an der neu geschlagenen Brücke (Nr. 14 Tivolistraße)
zu liegen. Da wir für die übrigen Züge der Compagnie das
Repli bildeten, konnten wir uns etwas mehr Bequemlichkeit
gönnen. Zwar lagen wir, nur der Sicht entzogen, unter dem
directen Feuer der Festung, wie die Gartenmauer und die sich
links daran schließenden Bretterwände nur zu deutlich durch die
— heute noch sichtbaren — Spuren bewiesen; allein in der
Festung hatte man jetzt auf anderes wie auf jeden einzelnen Un=
vorsichtigen zu achten, denn wie ein Blick in das Vorgelände
zeigte, waren die Belagerungsarbeiten um ein ganz Beträchtliches
den Werken näher gerückt.

Wie mit riesigen doppelten Fangarmen von unabsehbarer
Länge umklammerten die Laufgräben, soweit das Auge reichte
— weit über den Kirchhof St. Helena nach Westen greifend —
die unglückliche Stadt. Gleich einem halb der Oberwelt, halb der
Unterwelt angehörigen Fabeltier kroch der Angreifer unaufhaltsam
näher, um sein Opfer in töbtlicher Umarmung zu umstricken. Mit
welchen Gefühlen mochte man vom Turme aus jeden neuen
Morgen ein langsames, aber sicheres Fortschreiten jener drohenden
Zickzacklinien, die von Tag zu Tag wachsende Verstärkung der
Tranchee=Brustwehren beobachten, während unablässig das gierige
Geschoß seine eisernen Zähne in die Wälle schlug oder die da=

hinter liegenden Straßen in Schutt und Asche verwandelte? Dabei ohne Aussicht auf Entsatz, ohne Hoffnung auf Rettung! —

In dem Hause selbst, in dessen links vom Hausflur gelegenen Parterrezimmer ich es mir, wegen des andauernden Regens, auf einem umfangreichen Lehnstuhl bequem gemacht hatte, sah es wüst aus. Vor allem lag der reichhaltige Inhalt eines Bücher= schrankes in einem wirren Haufen zusammengeworfen mitten im Zimmer. Für mich eine Entdeckung von unschätzbarem Werte, konnte ich doch vermittelst dieses Fundes die Langeweile, die sich unbedingt aus der zurückgezogenen Stellung ergeben mußte, wirksam bekämpfen.

Darf ich es an dieser Stelle gestehen, daß ich der Ver= suchung, die angefangene und nicht zu Ende gelesene Mosen= thalsche „Deborah" mitzunehmen, nicht widerstehen konnte, daß ich das gelb brochirte Bändchen als greifbares Andenken an jene Zeit noch heute besitze? Es ist dies das erste, und wie ich hoffe auch letzte unrechtmäßige Gut in meinen Händen, und wenn ich erkläre, daß ich das Heftchen nur eingesteckt, in der festen Absicht, es wieder zurückzubringen, woran ich durch die Ereignisse ver= hindert wurde, so wird man mir hoffentlich noch nachträglich Indemnität erteilen. —

In meinem Großvaterstuhl, wohlverwahrt durch doppelten Paletot, vor mir eine Stearinkerze, die mangels eines besseren Halters in einer leeren Weinflasche stak, verbrachte ich die Nacht ganz behaglich, konnte ich mich doch ohne Pflichtverletzung einem leichten Einnicken hingeben, zu dem der unaufhörlich niederrieselnde Regen das Wiegenlied sang.

Noch immer goß es vom Himmel, als der Tag zu grauen anfing, und es auch bei uns, in und außer dem Hause, lebendig wurde. Es war die Zeit der kleineren Ausfälle, der gegenseitigen Morgengrüße aus Wallbüchsen und Chassepots einerseits und Wallbüchsen und Zündnadelgewehren anderseits.

Verstärkter Patrouillengang zu den Nebencompagnieen, zu den beiden jenseits der Straße vorgeschobenen anderen Zügen der Compagnie; Revidiren der eigenen Posten, dazu die Spannung, ob der Feind sich zeigen wird — mit einem Wort das kriegerische Leben forderte seine Rechte und verscheuchte auch den letzten Rest von Müdigkeit.

Zwar hörten wir wieder klar und deutlich die uns schon so wohl bekannten Signale aus den vorgeschobenen Werken der Festung zu uns herübertönen, allein der Regen, für den der Romane eine noch viel empfindlichere Haut besitzt, schien heute lähmend auf das „Kartoffelsuchen" einzuwirken, sodaß wir, außer dem etwas lebhafteren Geschützfeuer, das jedoch seitwärts von uns ober über unsere Köpfe ging, dieses Mal nicht in Mitleidenschaft gezogen wurden.

Bei vorgerückter Morgenstunde benutzte ich die Anwesenheit des Compagniechefs, der sich die Nacht über bei den vorderen Zügen aufgehalten hatte, um mich durch persönlichen Augenschein über die Lage bei den Nebencompagnieen aufzuklären.

Zu diesem Zwecke passirte ich die neugeschlagene Brücke, folgte dann der Aar aufwärts bis zum Schützenbergerschen Park, wo ich nach einer zweiten Ueberschreitung der Aar alles in der alten Aufstellung fand, und wendete mich dann rechts zu der Stellung, in welcher die Compagnie am 2. September früh den Ausfall abgewiesen. Hier hatten die Schutzmaßregeln eine ent= schiedene Verbesserung erfahren, indem längs des nach der Festung zugekehrten Teiles des Elsasser Wassers ein stark profilirter Schützengraben ausgehoben war, in welchem zwei Züge genügend Platz und Deckung fanden.

Eine noch gründlichere Vervollkommnung zeigte meine Nacht= stellung vom 1. auf den 2. September an dem Eckhause (Tivoli), wo neben der aus einem ganzen Zuge bestehenden Besatzung noch ein Emplacement für Wallbüchsen eingerichtet war. Von hier aus wurde besonders das dem linken Flügel der zweiten Parallele so lästig gewordene Bastion 56 unter Feuer gehalten, und da die Entfernung — 7= bis 800 Schritte — innerhalb wirksamer Schuß= weite der Wallbüchsen lag, konnte jede Bewegung in dem be= treffenden Werk aufs genaueste verfolgt und jeder sich zeigende Kopf aufs Korn genommen werden.

Der interessante Verhau war offenbar nicht besetzt und zeigte als einzigen Erfolg unserer Mordbrennerei nichts als einige schwarz verkohlte Aeste, deren bizarre Formen grell gegen das Grün der Umgebung abstachen.

Den Rückweg nahm ich, nach Passiren des Elsasser Wassers, auf dem nächsten Wege längs des an der Chaussee sich hin= ziehenden Bretterzaunes. —

Der Regen hatte wieder eingesetzt, und zwar mit jenem so melancholisch machenden regelmäßigen Tropfenfall, der langsam, aber darum nicht minder gründlich naß zu machen pflegt, und der, auch wenn die Blätter und Sträucher noch grün, doch das Herannahen des Herbstes verkündet, und die Freuden eines ge= schützten Heims, eines traulichen Platzes am Kamin, in doppelt angenehmen Lichte erscheinen läßt.

Nun, wir sollten ja in kurzem „heim"; aber das bedeutete nichts anderes, als einen Aufenthalt von 24 Stunden in einer Umgebung, die allenfalls bei gutem Wetter zu genießen, d. h. nur erträglich war, wenn man sich auswärts aufhalten konnte.

Als das Bataillon an der Lederfabrik gesammelt und zum Abmarsch bereit war, wurde daher der Befehl der Division, der uns nicht wieder nach Bischheim, sondern nach der Ruprechtsau berief, wo uns ein neuer Wirkungskreis zugewiesen war, mit größter Befriedigung aufgenommen.

Unter gewöhnlichen Verhältnissen wäre der Weg in die neuen Quartiere kaum nennenswert gewesen, so aber mußten wir, da sowohl die große vom Wacken nach Ruprechtsau führende Draht=seilbrücke wie auch die Schleusenbrücke bei Schleuse 81 gesprengt waren, den großen Umweg über Schiltigheim und Bischheim machen. Letzteren Ort verließen wir durch die Breuschgasse, um nach Ueberschreitung des Rhein=Marnecanals an dem vereinzelt gelegenen Gasthaus „zum Schiff" (Phario) die von den Pionieren über die Jll geschlagene Schiffbrücke zu erreichen.

Hier wurde ein kurzer Halt gemacht und die Gewehre zu=sammengesetzt, da die schwache Brücke nur in größeren Abständen und, entsprechend ihrer geringen Breite, nur in schmaler Front überschritten werden konnte.

Der Regen hatte zwar aufgehört, doch hing der ganze Himmel voll schwerer Wolken, sodaß es schon merklich dunkel war, als wir an der Brücke anlangten. Der Wind stand uns ins Gesicht, die Wellen der Jll klatschten einförmig gegen die unter dem Ge=wicht der passirenden Truppen ächzenden Pontons.

In dem Gasthause „zum Schiff" brannte in einer zu ebener Erde, nach dem Flusse zu gelegenen Stube hinter weißen Gardinen eine Lampe! Dieser so lange entbehrte Schein friedlicher, behag=licher Häuslichkeit, der nicht durch Läden und Tücher, wie es in Schiltigheim und Bischheim geboten war, gegen die Außenwelt ängstlich verheimlicht werden mußte, weckte in mir den Gedanken an die Heimat, an die Lieben zu Hause, in einem Maße, wie ich es in dem Rausche der letzten Wochen nicht für möglich gehalten hätte.

Der einfache freundliche Schein der Lampe rief mir die ganze Brutalität des Krieges, rief mir die bis jetzt noch nie gewürdigte Größe des verlorenen Gutes — die Segnungen des Friedens — mit einem Schlage ins Gedächtnis zurück.

Die weichmütige Stimmung sollte nicht lange vorhalten, schämte ich mich doch fast der schwächlichen Regung. Das Commando „An die Gewehre!" riß mich aus meinen Träumen, an welchen das schlechte Wetter und vor allem die Nachwehen der kaum über=wundenen gesundheitlichen Störung den Hauptanteil haben mochten, und brachte mich durch die Anforderungen des Dienstes bald wieder in das rechte Geleise.

Grundlos, trotz aller Anschüttung, war der Weg, der uns nach dem Passiren der Brücke, vorbei an der zum Lazarett ein=

gerichteten Papierfabrik nach der Ruprechtsau führte. Von der
Wanzenauer Straße links abbiegend, durchschritten wir die Langgasse,
folgten dann der Schulgasse und kamen so auf die Hauptstraße,
der wir bis zur Wörthgasse folgten.

Am Eingange des Dorfes, bei der Papierfabrik, hatten uns
schon die Quartiermacher erwartet, die gleichzeitig als Führer
dienten. Die Villa Nr. 2 Wörthgasse, wie sich später herausstellte
Eigentum eines Herrn Picard, sollte, außer dem Bataillonsstab,
den Compagniechef, den Premierlieutenant der Compagnie und mich
aufnehmen, während ein großer Teil der Mannschaften in den
Wirtschafts= und Nebengebäuden Unterkommen fand.

Freundlich strahlten aus dem kleinen Landhause die erleuchteten
Fenster in die inzwischen völlig hereingebrochene Herbstnacht. Hatte
mich der Lampenschein an der Illbrücke vorhin gleichsam wie in
einer Vorahnung des Kommenden aufs traulichste angemutet, so
war mir der Anblick des gastlich geöffneten erleuchteten Flures wie
ein Gruß aus der Heimat. Als sich nun unmittelbar darauf der
Bursche, der in Bischheim zur Bewachung des Gepäckes zurück=
geblieben war, mit den beiden Hunden einstellte, die mich freundlich
bellend und wedelnd umsprangen, da war mir so heimlich zu
Mute, wie dem Sohne, der nach langer Abwesenheit ins Vater=
haus zurückkehrt.

Die in der ersten Etage nach links gelegenen Zimmer waren
klein aber behaglich eingerichtet, die Betten vorzüglich; vor dem
Fenster rauschten wie zum Gruße die Bäume, kurz man hatte das
Gefühl, wieder einmal — zum ersten Male seit dem Betreten von
Feindesland —, in eine Umgebung gekommen zu sein, die den
gewohnten Lebensbedingungen entsprach und die nach der langen
Entbehrung einen doppelt freundlichen, herzerquickenden Eindruck
auf uns schon halb und halb verwilderte Soldateska machte.

Da das Abendbrot bald aufgetragen werden sollte und seitens
des Bataillonsstabes nur auf unser Erscheinen gewartet worden
war, mußte die Toilette etwas abgekürzt und die Hauptaction auf
eine spätere Stunde verschoben werden; außerdem machte sich,
angeregt durch den Duft frisch zubereiteter Speisen, der aus dem
Erdgeschoß bis zu uns heraufdrang, das Bewußtsein bei uns
geltend, seit 24 Stunden nur aus der Tasche gelebt zu haben,
sodaß wir uns in kürzester Zeit alle an der zwar einfach, aber
ausreichend besetzten Tafel zusammengefunden hatten.

Der Besitzer des Landhauses, an welches sich, wie wir am
anderen Tage sehen sollten, ein sehr gut gehaltener parkartiger
Garten anschloß, war in der Festung, hatte aber eine ältere Wirt=
schafterin und deren Tochter oder Nichte, das „Dienerle", zur
Aufsicht des Anwesens zurückgelassen.

Diese alte Frau hatte gegen Geld und gute Worte die Zu=
bereitung der uns gelieferten Lebensmittel übernommen, zu deren
Vervollständigung sie ziemlich unbeschränkte Vollmacht erhielt, sodaß
wir, da es auf den Kostenpunct nicht ankam, lebten — „wie Gott
in Frankreich".

Dieser erste Abend im Picardschen Landhause, das uns nun
bis zur Uebergabe der Festung beherbergen sollte, ist eine der
angenehmsten Erinnerungen des ganzen Feldzuges nicht nur,
sondern, in dem Vollgefühl des Behagens, einer der Momente im
Leben, die man nie vergißt. Und sonderbarer Weise, während
sonst leicht im Tageslicht eine Ernüchterung nach einem solchen
vielversprechenden Abend eintritt, brachte der folgende Morgen nicht
nur keine Enttäuschung, sondern im Gegenteil ein erneutes Wohl=
behagen, wie ich es nur in den Schulferien empfand, wenn ich in
der ersten Nacht im Vaterhause erwachte und mich erst wieder
besinnen mußte, daß ich wirklich nicht zur Schule brauchte und die
ganze köstliche Ferienzeit noch vor mir habe.

Daß diese friedlichen Träume indes nicht ganz bei mir über=
wucherten, dafür sorgte ein in den frühesten Morgenstunden laut und
vernehmlich aus südlicher Richtung herübertönendes Gewehrfeuer.
Wir wußten, daß unser 1. Bataillon die Aufgabe hatte, in
der Nacht die Orangerie, von wo aus am Tage unsere Vorposten=
stellung längs des Rhein=Jllcanals fortwährend beunruhigt wurde,
zu besetzen, und waren uns des guten, sicheren Schutzes, in dem
wir uns befanden, so bewußt, daß der Lärm des Gefechtes den
Reiz der Lage, wenn ich so sagen darf, nur noch erhöhte. —
Ein strahlender Herbstmorgen — 11. September — begrüßte
die spät von dem lang entwöhnten, vortrefflichen Lager sich Er=
hebenden.

Zum Frühstück gab es wieder einmal ein weißes Tischtuch,
zum Kaffee sogar Tassen, statt der üblichen kleinen waschbecken=
artigen Gefäße, Weißbrot und Butter — alles Genüsse, deren
Wert man erst schätzen lernt, wenn man sie eine Zeit lang ent=
behrt hat.

Vom Eßzimmer, aus welchem man direct in den Garten ge=
langen konnte, hatte man einen reizenden Blick auf Wiesen und
Baumgruppen, die unmittelbar nach dem Frühstück dazu einluden,
den heute doppelt angenehmen Ruhetag durch einen kleinen Morgen=
spazirgang gebührend einzuweihen. Mit der Cigarre im Munde,
wanderten wir in dem sehr geschickt und geschmackvoll angelegten,
mit herrlichen alten Bäumen bestandenen Garten umher, aus dessen
südlichstem Ende eine kleine Thüre ins Freie führte, von wo aus
der Turm des Münsters, klar gegen den tiefblauen Himmel sich
abhebend, zu erblicken war.

Vom Krieg und seinen Drangsalen sah man hier nichts. Der Feind schien seine Wut und seine Geschütze bis jetzt noch nicht auf unsere Idylle gerichtet zu haben. Jedenfalls bewegten sich die Einwohner, wie wir schon abends und auch später zu beobachten Gelegenheit fanden, ohne jede Scheu auf der Straße, wie draußen auf dem Felde.

Bei dem milden, warmen Wetter ließen wir uns einen Tisch in den Garten setzen, um über die angenehme Veränderung unserer Lage in die Heimat zu berichten.

In dem der Straße zugekehrten Teile des Gartens hatten sich die ebenfalls hier einquartirten Mannschaften häuslich ein= gerichtet und kochten in rasch ausgehobenen Kochlöchern in aller Muße ihr Essen, da die vorgefundenen Kücheneinrichtungen nicht im entferntesten für einen solchen Massenbesuch ausreichten. Ueberall· stieg der blaue Rauch gleich Opferfeuern in die Höhe, dazwischen ertönten die melancholischen Weisen unserer Volkslieder, offenbar ein Zeichen, daß das Behagen auch hier seinen Einzug gehalten.

Um den friedlichen, ja festtäglichen Eindruck des Ganzen noch zu erhöhen, gab der Bataillonscommandeur heute in unseren gemeinsamen Räumen ein opulentes Mittagsmahl, zu dem der Brigade= und Regimentscommandeur, sowie alle Mitbewohner des Hauses Einladungen erhalten hatten.

Die alte Haushälterin, der nur die einzige Beschränkung auferlegt war, keinen Knoblauch, auch nicht in den kleinsten Dosen anzuwenden, da wir alle von dieser „Würze" schon mehr als genug zu kosten bekommen hatten, erntete lautes Lob für ihre Kochkunst. Das „Dienerle" servirte unter Beihülfe einiger Burschen und machte seine Sache vortrefflich, trotzdem es behauptete, kein Wort Deutsch sprechen zu können. Dieser etwas weit getriebene Patriotismus war eigentlich ein Glück für uns, jedenfalls eine Erleichterung, da wir das Französisch der Tochter doch noch besser verstanden, als das Elsässer Deutsch der Mutter, für dessen „Fein= heiten" mir erst sehr viel später das richtige Verständnis aufgehen sollte.

Die Regimentsmusik war gegen Abend eingetroffen und spielte im Garten ihre lustigen Weisen, zu deren Tact erst die Mann= schaften und dann auch wir Officiere, die anfangs widerstrebenden Dorfschönen, welche durch die Klänge der Musik in Massen herbei= gelockt waren, im munteren Reigen auf dem Grasplatze schwenkten.

So verging der erste Tag in den neuen Quartieren, noch dazu ein Sonntag, in Saus und Braus!

Am folgenden Vormittag — 12. September — hatten wir Gottesdienst, selbstverständlich nach den Confessionen getrennt, in den Kirchen der Ruprechtsau, dann gemeinschaftliches Mittagsmahl aller Hausgenossen in unserem Quartier, welches bei Kaffee und Cigarre ziemlich lange ausgedehnt wurde; zum Schluß ein rasches Abstreifen des Sonntagsanzuges und Anlegen der schon etwas stark mitgenommenen Kriegsgarnitur, da die Compagnie zum Vorpostendienst hinter dem Rhein=Jllcanal commandirt war.

Auf den verschlungensten, fortwährend die Richtung verändernden Pfaden erreichten wir endlich unser Ziel — das am Goebweg, dicht hinter der zerstörten Drehbrücke liegende Wirtshaus „zur schönen Aussicht" (à la belle vue), dessen dem Canal zugekehrte Seite eine derartige Menge Kugelspuren trug, daß kaum ein handgroßes Fleckchen heil geblieben war.

Die von den Franzosen schon in den ersten Stadien der Einschließung zerstörte Drehbrücke war durch Bretter und Bohlen für einzelne Infanteristen notdürftig gangbar gemacht, um so den Verkehr mit einem jenseits des Canals in den gänzlich ausgebrannten Gebäuden des Klosters „zum guten Hirten" stehenden Unterofficierposten zu ermöglichen. Rechts an diesen anschließend, allerdings etwas zurückgebogen, zog sich ein langer Schützengraben quer durch die Orangerie, der an der Jll endigte, und dort mit dem Auge und Gewehr wenigstens Anlehnung an die auf der Insel Wacken stehenden Truppen fand.

Der Compagnie war im besonderen der Abschnitt vom „Belle vue" bis zum Rhein auf dem nördlichen Ufer des Canals mit dem vorgeschobenen Unterofficierposten am „guten Hirten" zugewiesen.

Bei dem passiven Verhalten der Festungsbesatzung war ein Forciren der Canalübergänge nicht zu befürchten, zumal, wie schon oben erwähnt, die Drehbrücke nur einzeln zu überschreiten war; dagegen pflegte der Feind unsere hinter den Mauern und Gebäuden längs des Canals stehenden Posten, sowie deren Ablösungen vom jenseitigen Ufer, wie von der Sporeninsel aus heftig zu beschießen.

Wir befanden uns hier in einem völlig unbekannten Gelände, sodaß es bei der Ausdehnung der Stellung spät wurde, bis alle Posten ausgesetzt und mit ihrer Aufgabe vertraut gemacht worden waren.

Zur Sicherung der Brücke war außer dem Rest meines Zuges noch der ganze erste Zug an dem Wirthshause zurückgehalten worden. Da sich der Compagniechef bei uns aufhielt, verlebten wir zu Dreien einen ganz gemütlichen Abend in dem Keller der „Belle vue", und ließen uns die mitgebrachten Schätze, bestehend aus Rotwein und Wurst, vortrefflich schmecken. Als Leuchter dienten wieder einmal leere Flaschen, für welche die Stearinkerzen erst zurecht geschabt werden mußten.

Von unseren Vorgängern fand sich noch eine Schütte Stroh
vor, auf der wir uns so gut als möglich einrichteten, trotzdem es
durch die Kellerlöcher entsetzlich zog, da die ehemaligen Verschlüsse
derselben wohl schon längst als Brennholz Verwendung gefunden
haben mochten.

Unerträglich waren die Mücken, die sich weder durch die
Zugluft noch durch eifriges Rauchen vertreiben ließen, und, durch
das Licht angelockt, in immer neuen Scharen über uns herfielen.
Mit tief über die Ohren herabgezogenen Mützen — schon wegen
des Strohlagers eine Notwendigkeit —, ein Taschentuch über das
Gesicht gedeckt, gelang es schließlich, doch einzuschlafen.

Vorher hatte ich den „vor Gewehr" stehenden Posten ange=
wiesen, mich gegen zwei Uhr zu wecken, um meine Postenkette
abzugehen. Ich war deshalb nicht verwundert, als ich mich plötzlich
am Arme gerüttelt fühlte und aufwachend bei dem zweifelhaften
Licht des in die entfernteste Ecke geschobenen Beleuchtungs=
apparates, einen Gefreiten meines Zuges vor mir stehen sah.

„Es ist wohl Zeit zum Ronde gehen?" sagte ich, mich mög=
lichst geräuschlos erhebend, um meine dicht neben mir ruhenden
Schlafgenossen nicht zu stören.

„Nein, Herr Lieutenant, es ist noch vor zwölf Uhr — aber
der Unterofficiersposten jenseits der Brücke — am „Guten
Hirten" — läßt melden, daß es drüben nicht ganz richtig ist, da
wir rings von feindlichen Patrouillen umschwärmt sind; er läßt
daher um Verstärkung bitten oder fragen, ob er sich zurückziehen
soll."

Ich kannte den betreffenden Unterofficier als durchaus zu=
verlässigen, ruhigen Mann, konnte mir aber anderseits nicht
denken, daß der Feind, ganz gegen seine sonstige Gepflogenheit,
die ihn nachts stets in der Festung zurückhielt, und erst bei Tages=
anbruch einige schwächliche Recognoscirungen ins Vorgelände vor=
nehmen ließ, heute so ausnahmsweise unternehmungsluftig sein
sollte.

Trotzdem war die Sache wichtig genug, um dem Compagnie=
chef sofort Meldung zu erstatten und mich dann selbst an Ort und
Stelle von der Sachlage zu überzeugen. Da der „gute Hirte"
nur wenige hunderte Schritte von uns entfernt lag, und die
einzige Uebergangsstelle über den Canal — die Drehbrücke —
leicht gänzlich zu sperren war, nahm ich außer der Meldepatrouille
keine weitere Begleitung mit und schritt, nachdem der Gefreite
seine persönlichen Erfahrungen dahin zusammengefaßt, daß er
zwar keine französischen Uniformen erkannt, wohl aber deutlich
„französisch" habe sprechen hören, möglichst geräuschlos über die
schwankenden Bohlen der Brücke. Hinter dem Damme verborgen,

lauschten wir angestrengt nach vorne. Nichts ließ sich hören, als das Rauschen des Nachtwindes in den Wipfeln der Bäume.

Möglichst vorsichtig setzten wir unsern Weg längs der Kasta= nienallee fort und schon waren wir dicht an der kleinen Brücke, die über den „Franzosencanal" nach dem „guten Hirten" führt, als ich rechts von uns Geräusch von nahenden Schritten und gleich= zeitig von Stimmen hörte. Der Gefreite, welcher mir dicht auf den Hacken gefolgt war, flüsterte mir leise zu: „Das sind sie", während er sein Gewehr fertig machte.

Ich hatte grade noch Zeit, den Uebereifrigen vor einer Uebereilung zu warnen, als auch schon die Schatten von drei Leuten unter den rechts nach der Orangerie führenden Bäumen deutlich sichtbar wurden. Noch war es zu dunkel, oder die uns trennende Entfernung zu groß, um die Uniformen erkennen zu können, doch bewegten sich die drei Gestalten in so auffallend nach= lässiger Weise, nicht wie eine Patrouille dicht vor dem Feinde, sondern wie etwa im tiefsten Frieden die Ablösungen im Dunkel der Nacht, wo kein Auge eines Vorgesetzten leuchtet, zu gehen pflegen.

Ganz deutlich hörte man die Leute miteinander reden, doch war immer noch nicht ein einzelnes Wort zu unterscheiden, um daraus mit Sicherheit Schlüsse auf die Nationalität ziehen zu können, besonders da uns bekannt war, daß ein guter Teil der Besatzung Straßburgs der deutschen Sprache überhaupt mächtig, wo nicht gar sich dieses Idioms als Muttersprache zu bedienen pflegte.

„Na Matz (Mathias), heut' wird emal wieder vierter Class' gefahre", ließ sich plötzlich eine etwas lautere Stimme im echtesten rheinischen Deutsch vernehmen.

Diese Aeußerung bedurfte keines weiteren Commentars; auch wenn der Dialekt nicht so unverkennbar auf die heimatliche Provinz hingewiesen hätte, würde die Redensart als solche genügt haben, jeden Zweifel über die Staatsangehörigkeit des Redenden zu zer= streuen. „Vierter Classe fahren" bedeutet auf Stroh schlafen, und war ein schon aus den Friedensmanövern althergebrachter Ausdruck.

Ich rief nun die Patrouille vorsichtig heran, um nicht selbst mit meinen Begleitern der Gefahr ausgesetzt zu sein, im ersten Schrecken der Ueberraschung angeschossen zu werden, und schickte die Verirrten mit einer Vermahnung zu ihrer rechts von uns stehenden Compagnie zurück, von der sie sich in der Unbekannt= schaft mit dem Gelände zu weit entfernt hatten und so meinem Unterofficiersposten ins Gehege gekommen waren.

Nachdem ich vorerst meinen Führer und dann den Wache= habenden über ihre Gespensterseherei und die Unwahrscheinlichkeit, daß sich französische Patrouillen so weit in der Nacht vorwagen würden, belehrt hatte, revidirte ich meine Posten, die bis in die

Höhe der zerstörten Schleuse Nr. 88 — am kleinen Rhein — standen, ohne weiteres Abenteuer zu erleben, und schob mich dann, zur „Belle vue" zurückgekehrt, möglichst geräuschlos auf meinen alten Platz im Keller, um noch einige Stunden zu verschlafen.

Am folgenden Morgen — 13. September — wurde es früh Tag, da verstärkter Patrouillengang, sowie das harte Lager an zugiger Stelle nicht geeignet waren, ein längeres Liegenbleiben auch nur annehmbar erscheinen zu lassen.

Die Toilette wurde ländlich sittlich unter freiem Himmel absolvirt, während die dienstbereite Hand der herausbestellten Burschen sich des alleräußersten Menschen, d. h. der Uniform und ihrer Knöpfe, annahm.

Die aus der Ruprechtsau gleichzeitig mitgebrachten frischen Weißbrote schmeckten zu dem im Kochgeschirr angefertigten Kaffee ganz vortrefflich, und vermittelten so zu sagen die Verbindung mit der cultivirten Außenwelt.

Darauf schloß ich mich dem Compagniechef bei einer noch= maligen Begehung der Posten an, wo uns auf dem kurzen Wege nach dem Kloster zum „guten Hirten", als Gegenstück zu der zer= schossenen Südseite unserer „Belle vue", die von unzähligen Kugelspuren bedeckten Kastanienbäume, ebenso wie der durchlöcherte Bretterzaun rechts des „guten Hirten" in die Augen fielen.

An der Verlängerung dieses Bretterzaunes nach links stand gedeckt der äußerste Posten, der, als wir uns dem Ende dieser schwachen Schutzwand näherten, um einen Blick ins Freie zu ge= winnen, warnend auf einige Schußlöcher von gewaltigen Dimen= sionen wies, welche einigen erst neuerdings von der Citadelle herübergesendeten Zuckerhüten ihre Entstehung verdankten.

Mit aller Vorsicht schlichen wir uns daher bis an den äußersten Rand des Zaunes, wo wir die Citadelle mit dem weit ins Vorgelände sich erstreckenden „Hornwerk der Grenadiere" un= mittelbar vor uns hatten.

Ueber dem tief in den Wällen steckenden Hauptwerke wälzten sich schwere Rauchwolken, wie von einem großen Brande, während die vorgeschobenen Werke so klar von der Morgensonne beschienen waren, daß man mit bloßem Auge die Geschütze auf dem Wall= gange unterscheiden konnte.

Momentan schwieg das Feuer des Verteidigers, dagegen konnte man deutlich die von den Kehler Batterieen herübergesandten Geschosse mit Auge und Ohr verfolgen.

Nachdem wir uns genügend orientirt, namentlich die vor= liegenden, mit dichtem Gebüsch bestandenen parkartigen Anlagen — des späteren zoologischen Gartens — der Aufmerksamkeit der Patrouillen empfohlen hatten, setzten wir unsere Begehung, nach

Ueberschreiten der Drehbrücke, auf dem nördlichen Ufer des Rhein-Ju-Canals fort.

Trotz aller Vorsicht war es dabei nicht zu vermeiden, ganz freies, vom jenseitigen Ufer eingesehenes Gelände zu betreten, sodaß uns, namentlich beim Passiren der Kalkbrennerei, verschiedene Chassepotgeschosse recht unangenehm nahe um die Ohren pfiffen. Von der „Zusammenkunft der Fischer" bis zur Vereinigung des „kleinen Rheines" mit dem Hauptstrom bot dagegen der Chaussee-damm ausreichende Deckung. Es war daher von da ab ein völlig gefahrloser Gang, den ich, meinen eigentlichen Dienstbereich über-schreitend, jetzt zur Nebenfeldwache unternahm.

Diese hatte in dem, durch die beiden großen Wasserläufe ge-bildeten Winkel Aufstellung genommen und beobachtete den Rhein, sowie die gegenüberliegende Sporeninsel, deren Besatzung nach jeder sich zeigenden Mütze schoß. Einige Leute hatten sich daher das Vergnügen gemacht, ihre Mützen so hinter dem Chausseedamm aufzubauen, daß diese eben noch gesehen werden konnten. Als hierauf zur allgemeinen Freude ein so heftiges Geknatter von drüben losging, daß die Verbindung mit der Nebenfeldwache ge-fährdet wurde, mußte der Scherz schließlich untersagt werden. —

Da lag er vor uns, der alte vaterländische Strom, von dessen Ufern wir ausgezogen waren, dessen Wogen uns in den Kampf getragen hatten! Die Wasser, die hier an uns vorüber rauschten, grüßten in kurzem die Heimat! Wie verlockend stieg ihr Bild wieder vor uns auf! Wie friedlich blauten die Schwarzwaldberge herüber! Wie schimmernd lag der Sonnenschein auf Land und Fluß! Und in all dieses friedenatmende Bild hinein krachte der Donner aus mehr als 200 Geschützen, qualmte der Rauch aus Hunderten von zerstörten Wohnungen gen Himmel, lag man sich hier das Gewehr im Anschlag auf wenige Meter gegenüber! —

Als wir auf demselben Wege zurückkehrend unsere „Belle vue" erreicht hatten, war es ziemlich Mittag geworden, sodaß mit der Koch-kunst des dort zurückgebliebenen Kameraden von der Reserve, der mit Hilfe der Burschen aus den gelieferten Lebensmitteln ein ebenso wohl-schmeckendes, wie durch geschickte Combination verhältnismäßig reich-haltiges Mahl hergestellt hatte, alle Ehre widerfahren ließen.

Bevor wir nach Einbruch der Dunkelheit und Uebergabe der Postenstellung an die ablösende Compagnie fertig waren, zog in geheimnisvollem Schweigen eine andere Compagnie des Regiments vorüber, die den Auftrag hatte, in Verbindung mit den vom rechten Rheinufer aus operirenden badischen Truppen die Sporen-insel zu besetzen und so den Feind von diesem äußersten, im Nord-osten noch behaupteten Puncte zu verdrängen, und auf den näheren Umkreis der eigentlichen Festung zurückzuwerfen.

Wir beneideten die Braven nicht, hatte doch der Himmel
einmal wieder angefangen, seine Schleusen zu ziehen, sobaß das
Unternehmen ein recht nasses Vergnügen zu werden versprach.
Da wir glücklicher Weise wieder in die alten Quartiere
kommen sollten, beeilten wir uns, uns möglichst dorthin zurück=
zufinden, was jedoch bei der bereits herrschenden Dämmerung so=
wie bei den in den unglaublichsten Windungen sich verstrickenden
Wegen der Ruprechtsau nicht ganz leicht war, sodaß wir erst nach
mehreren Irrfahrten unsere Villa und damit auch die Quartiere
der Compagnie erreichten.

Es folgten nun einige Tage — vom 14. bis 16. September
— der vollkommensten Ruhe für mich, da das Regiment lediglich
Arbeitscommandos zu geben hatte, für die von jetzt ab nie ganze
Compagnieen, und dementsprechend auch weniger Officiere bean=
sprucht wurden. So kam es, daß ich halbe Tage lang auf den
bereitwilligst zur Verfügung gestellten Pferden des Bataillons=
commandeurs sowie meines Compagniechefs die nähere und weitere
Umgebung Straßburgs durchstreifen konnte.

Erst am 17. September machte sich der Ernst des Lebens und
der ganzen Lage wieder geltend, indem wir, und zwar das ganze
Bataillon, bereits um 12 Uhr mittags zum Beziehen der Tranchee=
wache antreten mußten.

Unser Marsch, dem sich hinter der letzten Section des Ba=
taillons ein Zug Krankenträger mit zum Teil Spuren jüngsten
Gebrauches zeigenden Tragbahren angeschlossen, führte uns auf
demselben Wege, wie am Abend des 9. September, über die
Pontonbrücke beim Wirtshaus „Zum Schiff" nach Bischheim.

Da in der letzten Zeit grade wieder letzterer Ort, ebenso wie
Schiltigheim, in erhöhtem Maße aus der Festung mit Granaten
bedacht worden war, galt es heute, die Truppe möglichst der
Sicht des Feindes zu entziehen, und so marschirten wir durch die
Breusch=, Vieh= und Officiergasse nach der Pfluggasse in Schiltig=
heim, wo wir bekanntes Terrain aus den ersten Tagen der Ein=
schließung betraten. Von da, einem Teil der Hauptgasse folgend,
bogen wir an der Paulusgasse links ab und erreichten durch die
Neuegasse die uns längst vertraute Wehrgasse an ihrem östlichen
Ende, die für mich heute jeden spukhaften Charakters entkleidet war,
dafür aber vermehrt die Spuren eingeschlagener Geschosse zeigte.

Aufgefallen war uns der lebhafte Verkehr der Einwohner auf
den Straßen, die, wohl durch die andauernde Beschießung gegen
die Gefahr abgestumpft, anscheinend ruhig ihren Geschäften nachzu=
gehen schienen, ohne von den ab und zu herübergesandten eisernen
Grüßen viel Notiz zu nehmen.

An der am östlichen Ende der Wehrgasse gelegenen Villa

(Nr. 31), hinter welcher ein Ingenieur=Zwischendepot errichtet war, betraten wir seit sieben Tagen zum ersten Male wieder die erste Parallele.

Da unsere Compagnie speciell in der dritten Parallele Ver= wendung finden sollte, hatten wir Zeit und Gelegenheit, den Fort= schritt der Belagerungsarbeiten vollauf würdigen zu können. Um einen annähernden Begriff von der Thätigkeit des Inge= nieurcorps zu geben, mag hier angeführt werden, daß die ganze Länge der Laufgräben bis zur Capitulation auf 19 Kilometer stieg, während außerdem noch acht Kilometer schmälere Communi= cationen und Schützengräben ausgehoben wurden. Beispielsweise erstreckte sich eine einzige Communication in einer zusammen= hängenden Linie, vom Rhein=Marne=Canal an der Nordostecke von Schiltigheim beginnend, am Südrande dieses Dorfes vorbei, die Bahnhofrotunden streifend, quer durch Kronenburg, bis zum Bahn= hofe von Königshofen! *)

Das waren außerdem nicht mehr die engen, kaum manns= breiten, maulwurfartigen Gänge, in welchen man sich mühsam an= einander vorbeidrängen mußte; das waren an der Grabensohle 10 Fuß breite, fast ebenso tiefe, durch mehrere Meter starke Brust= wehren geschützte Verbindungswege, die gegen das directe Geschütz= feuer vollständig Deckung gewährten. Freilich war der „innere" Zustand infolge des anhaltenden Regenwetters, in Verbindung mit dem an und für sich schon lehmigen Boden, dessen geringe Auf= nahmefähigkeit durch die Anstauung aller Wasserläufe noch ver= mindert worden war, ein wenig einladender! Um die Laufgrabensohle überhaupt gangbar zu machen, mußte mehrere Zoll hoch Stroh gestreut und an den schlimmsten Stellen Faschinen gelegt werden, wodurch förmliche Knüppeldämme ent= standen; außerdem wurden an den tiefgelegenen Stellen größere Wasserlöcher ausgehoben, die jedoch nur vorübergehende Erleichte= rung verschafften.

In dem zähen Schlamme war ein Vorwärtskommen kaum möglich, weil der Fuß, wegen des Falles, den die Laufgrabensohle nach rückwärts hatte, immer wieder ausglitt, oder auch gelegentlich einen Stiefel stecken ließ. Doch das half nun alles nichts! Wir mußten durch, und es ging auch, wenn wir auch unseren Be= stimmungsort nur mit beträchtlichem Zeitverlust erreichten, betrug doch allein der von uns in dieser Weise zurückzulegende Weg fast drei Kilometer.

An verschiedenen Stellen der Laufgräben, wo sich der Weg

---

*) Wagner, Belagerung von Straßburg.

gabelte, waren zur Orientirung kleine Tafeln angebracht, welche
die Richtung angaben. Gewöhnlich befand man sich bei solchen
Gabelungen in unmittelbarer Nähe einer Batterie, von der wir
infolge unseres versenkten Weges nichts sehen, desto mehr aber
hören konnten. Trotzdem ein Schießen beim Passiren von Truppen
möglichst vermieden werden sollte, fuhren uns einige Geschützlagen
derartig nahe über die Köpfe hin, daß man die Schwingungen der
Luft deutlich verspürte und die Trommelfelle in Gefahr gerieten.

Während in dem östlichen Teil der ersten Parallele nur ver=
einzelte Arbeiter, meist Pioniere, mit der Ausbesserung und In=
standhaltung der Böschung beschäftigt waren, wurde es, je mehr
wir uns der zweiten Parallele und dem Mittelpunkt des Angriffes
näherten, um so belebter.

An bestimmten Stellen waren breite Stufen angelegt, um bei
einem feindlichen Ausfall ein angriffsweises Vorbrechen der Lauf=
grabenwache zu gestatten. Diese selbst, zu deren Ablösung in der
dritten Parallele wir bestimmt waren, hatte es sich, so gut es
gehen wollte, bequem gemacht, indem sich die Mannschaften zum
Schutz gegen den Regen kleine Höhlen in den Boden gegraben
hatten, um so wenigstens den Oberkörper vor der Nässe zu schützen.

Während die Grabenwände bisher das gewöhnliche Braun der
Humuserde, und nur da, wo eine Chaussee durchquert worden war,
die hellere Farbe des steinigen Unterbaues gezeigt hatten, fanden
wir auf einer kurzen Strecke Spuren von bearbeiteten, zum Teil
halbvermoderten Brettern, sowie mitten in der Böschung ver=
schiedene scharf vorspringende Ecken.

Bei näherem Hinsehen konnte kein Zweifel sein, daß wir
uns in der, den Kirchhof St. Helena durchschneidenden Communi=
cation zur zweiten Parallele befanden, und daß die eigentümlichen
Ecken, Särge, die Bretter, Ueberreste derselben bedeuteten!

Hier hatte wieder einmal, wie so oft im Leben, das Recht
des Lebenden die Rücksicht auf die Toten verdrängt!

Wenn es auch schmerzlich für die Angehörigen sein mußte,
die Ruhe eines geliebten Toten so gestört zu sehen, so wäre es
doch ein nicht zu verzeihender militärischer Fehler, und gradezu
ein Verbrechen gegen das Leben der an dieser Stelle Arbeitenden
gewesen, aus mißverstandener Sentimentalität hier von der, durch
die Lage der Festungswerke selbst, vorgeschriebenen Richtung ab=
zugehen.

Die notwendiger Weise zu entfernenden Ueberreste wurden
in einer gemeinsamen Gruft, sobald dies ohne Gefahr geschehen
konnte, beigesetzt.

Für die dort stationirten Mannschaften schien der Aufenthalt
im Friedhofe nichts Unheimliches zu haben, denn unbekümmert

um die sonst von Lebenden so gerne gemiedene Nachbarschaft, hockten die Leute rauchend und plaudernd neben den Särgen. Das Gefühl, jeden Moment auch seinerseits abberufen werden zu können, wenn es auch nicht grade immer zum bewußten Empfinden kam, mochte eine Art kameradschaftlichen Verhältnisses zu den schon Vorausgegangenen hervorgebracht haben. Jedenfalls hatte die Umgebung für uns keinen Schrecken, vielleicht auch schon deshalb nicht, weil grade hier einer der Brennpunkte des Angriffs war und die vor=, rück= und seitwärts des Friedhofes liegenden Batterieen ein solch unausgesetztes Feuer unterhielten, daß im wahrsten Sinne des Wortes der Boden unter unsern Füßen bebte.

Nach Passiren des Friedhofes, einige hundert Schritte weiter nach Westen, führte unser Weg, in spitzem Winkel nach links in die zweite Parallele, aus welcher wir, die südlichste Ecke des Helenenkirchhofs schneidend, auf neuen Zickzacklinien nach dem Orte unserer heutigen Thätigkeit, der dritten Parallele, gelangten.

Nach Einrichtung in der Stellung, Aussetzen der nötigen Posten, die zur besseren Deckung gegen die Sicht die Mützen mit dem grauen Futter nach außen aufgesetzt hatten, war Zeit und Muße genug, sich in der Stellung selbst, wie nach vorne umzu= sehen. Greifbar nahe lagen die Festungswerke, lag die ganze Stadt vor uns, trennten uns doch von der Brustwehr der Lünetten 52 und 53 kaum hundert Meter. —

So mochte im Mittelalter die Berennung einer Stadt aus= gesehen haben!

Dicht vor uns polypenartig die beiden unmittelbar rechts des Steinthors liegenden kleinen Vorwerke umklammernd, erstreckte sich die sogenannte Halbparallele, und von dieser aus, gleichsam wie mit Zähnen ihre Beute festhaltend, führte die Glaciskrönung (Couronnement) mit ihren doppelt traversirten, aus Faschinen erbauten gebrochenen Linien bis dicht an den äußeren Wasser= graben der Festung.

Auf dem rechten Flügel der Glaciskrönung hatte der sym= metrische Aufbau eine arge Störung erlitten, indem zu tief gehende Granaten der indirecten Breschbatterieen die sorgfältige Arbeit der Pioniere wieder vernichtet und einen in den Rahmen des Gesamtbildes vollkommen passenden Trümmerhaufen geschaffen hatten. Umgeworfene und zersetzte Schanzkörbe lagen in wüsten Haufen durcheinander; die Brustwehrböschung war bis auf den Bauhorizont abgekämmt, sodaß dieser Teil des Couronnements hatte aufgegeben werden müssen.

Ganz anders aber war noch das Bild, das die Stadt und die Festungswerke boten.

Alle Brustwehren waren ihrer scharfen Kanten und glatten Flächen beraubt; verschwunden waren die langen geraden Linien, deren ursprüngliches Grün, von tiefen Löchern durchfurcht, sich nur an einzelnen Stellen noch erhalten hatte.

Was vom Mauerwerk sichtbar, sah aus, wie von Krankheit zerfressen, so hatten die Geschosse die äußere Bekleidung desselben abgeschält. Zerzaust und entblättert streckten die auf dem Hauptwalle stehenden Bäume ihre verstümmelten Aeste gen Himmel. Die turmartigen Hochbauten über den Thoren, die so trotzig und herausfordernd in das Vorgelände geschaut, waren zerschmettert oder geborsten dem Einsturz nahe.

Und in der Stadt selbst: der Turm des Münsters an der Nordwestseite stark beschädigt, das Dach ein Raub der Flammen, die ganze Steinthorvorstadt in heller Lohe; noch brannte die Geschützgießerei, noch immer schlug das gierige Element aus dem in Verwechslung mit der Geniedirection mit Brandgranaten beworfenen Theater.

Das Geschützfeuer aus der direkt angegriffenen Front war größtenteils durch die übermächtige Belagerungsartillerie zum Schweigen gebracht, dagegen wurde der Kampf von den rechts und links anschließenden Werken mit Energie weiter geführt, ebenso wie das ganze Vorgelände durch Infanteriefeuer selbst noch aus den Lünetten 52 und 53 lebhaft beunruhigt wurde.

Von dem rechten Flügel der Halbparallele führte ein Zugang zu den vor Lünette 53 angelegten Gegenminen des Verteidigers, die zuerst in der Nacht vom achten zum neunten September von einem Officier des Ingenieurcorps entdeckt, und in der folgenden Nacht des genaueren untersucht und entladen worden waren.

Da zur besseren Beobachtung der Wirkung unserer Bresch=batterieen in dem Mineneingang, welcher sich in der Contre=Eskarpe des Hauptgrabens gegenüber der rechten Face der Lünette 53 befand, ein Commando von Artillerie=Officieren stationirt war, die jeden einzelnen Schuß controlirten, so dehnten wir unsere nachmittägliche Erkundung bis hierher aus und drängten uns durch den kaum mannsbreiten, von einem Pionierposten besetzten Zugang. Das war nun der richtige unterirdische Gang, wie er in jedem Ritter= und Räuberroman vorkommen konnte!

Noch heute, wenn mich der Alb drückt, träume ich, diese quetschende Enge durcheilen zu müssen, und noch heute kann ich meine Hochachtung jenen Männern nicht versagen, die sich ange=sichts der besetzten Vorwerke nachts über freies Feld bis hierher wagten, sich an Stricken zu dem dicht über dem Wasserspiegel liegenden Eingang hinabließen, in die Galerie eindrangen und die Ladung der Minen — 30 Säcke Pulver — in den Graben

schütteten; und das alles in der Gefahr, im Moment der Ent=
deckung sofort in die Luft gesprengt zu werden!

Der Führer des Unternehmens, wie seine wenigen tapferen
Begleiter, kamen damals — im letzten Moment vom Wall aus
bemerkt und auf kürzeste Entfernung beschossen — unversehrt
davon. Leider sollte der Officier selbst kurz vor der Uebergabe des
Platzes als eines der letzten Opfer der Belagerung einer anscheinend
leichten Verwundung erliegen!

Nach mühsamem Durchwinden durch die in wechselnder Breite
und Höhe ausgeführten Gänge erreichten wir endlich den durch
Sandsackmasken mit Scharten geblendeten Eingang der Galerie,
wo zwei Artillerieofficiere beim Scheine einer Diebslaterne Notizen
machten.

Hatte sich oben in der freien Luft das Einschlagen der Gra=
naten schon betäubend bemerkbar gemacht, so war hier in dem
unterirdischen Lugaus das Krachen und Knirschen von Eisen und
Stein von so unmittelbarer Wirkung auf alle Nerven, daß man
im ersten Augenblick glauben mochte, mit in den Strudel der
Vernichtung gezogen zu werden.

Die Geschosse, von deren rasender Bahn uns nur eine Erd=
decke von wenig über einem Meter Stärke trennte, schmetterten
mit solch elementarer Gewalt gegen die, nur um die Breite des
Grabens von uns entfernte, gegenüber liegende Eskarpenmauer,
daß der Luftdruck allein wie ein Schlag ins Gesicht wirkte. Dann
ein Feuerschein, welchem ein ohrzerreißender Knall und ein Hagel
von Sprengstücken und Steintrümmern folgte, die beim Nieder=
fallen breite Wassergarben bis über die Mauerkrone emporwarfen.

Dichter weißer Pulverdampf, vermischt mit braun=grauen
Wolken aufgewirbelter Erdmassen, füllten den Graben bis in
unseren Beobachtungsposten hinein und bewiesen, daß das Mauer=
werk bereits durchschlagen und das Erdwerk selbst angeschnitten sei.

Da zwischen jedem Schuß bestimmungsmäßig eine kleine
Pause fiel, konnte, nachdem der Steinregen aufgehört und der
Dampf sich einigermaßen verzogen hatte, durch vorsichtiges Hinaus=
lugen durch die Scharte die Wirkung festgestellt werden. Lange
Zeit für diese Beobachtung blieb allerdings nicht, doch hatte die
Erfahrung gelehrt, daß es nach dem Einschlagen der Granate
noch immer möglich war, zurückzutreten, bevor das Crepiren des
Geschosses eintrat.

Als wir das Freie auf demselben mühseligen Wege wieder
erreicht hatten, atmeten wir, trotz des Regens, der uns ganz un=
erwartet und unerwünscht entgegenschlug, wie befreit auf!

Der kurze Weg zur Compagnie zurück ließ uns die Unzu=
länglichkeit der Verbesserungsarbeiten an der Laufgrabensohle voll

und ganz würdigen. Die Faschinen waren wie in den Boden
gestampft, bedeckt von einem, bei jedem Schritt quietschenden, zum
Kneten fertigen Lehm; die Stellen, wo Stroh gestreut worden
war, zeigten einen geradezu grausig aussehenden zähen Brei; in
der dem Feinde abgekehrten, mit Fall versehenen Seite des
Grabens, floß das gesammelte Wasser geschwätzig gurgelnd seine
Bahn; dabei goß es von oben in jenen erbarmungslosen, langen
Fäden, die eine ewige Dauer zu verheißen schienen. —

Ich habe manche Nacht unter freiem Himmel, ohne Holz
und Stroh, bei strömendem Regen, vor und nach dem Feldzuge
im Freien zugebracht, allein dann hatte man zum wenigsten einen
Baum, unter dessen Zweigen man etwas Schutz fand, oder der
Untergrund war ein fester, der ein Ablaufen des Wassers begünstigte,
aber ein Lager, wie wir es in dieser Nacht gehabt, steht noch
immer, als einzig in seiner Art, vor meiner noch in der Erin=
nerung schaudernden Phantasie.

Man denke sich den ausgefahrensten Feldweg, in welchem
Geleise überhaupt nicht mehr zu erkennen, da die Wogen des
Schlammes sich klatschend sofort wieder über der Wagenspur
schließen, und dieses Meer von Schlamm durch den unaufhörlich
hin und her gehenden Verkehr vieler Hunderter von Menschen
immer tiefer werdend, während nicht nur die direct von oben,
sondern auch alle aus der Umgebung kommende Flüssigkeit sich
wie in einem Sammelbecken vereinigte, um dem immer wieder
frisch gekneteten Teig die nötige Feuchtigkeit zuzuführen.

Zwar wurde neues Lagerstroh geschüttet, um den Mann=
schaften, die in lautlosem Schweigen, wie die Spatzen auf dem
Telegraphendraht, hinter der Grabenböschung hockten, ein Hinlegen
zu ermöglichen. Wer jedoch weiß, wie schon ein paar Tropfen
Wasser genügen, um ein Bund Stroh, dank der glatten Ober=
fläche der einzelnen Halme, in ein höchst ungemütliches, nur mit
Ueberwindung anzufassendes „Etwas“ zu verwandeln, der wird
die Behaglichkeit eines Lagers mit solcher Unterlage unschwer
ermessen können.

Was nützte die heute erst erhaltene mütterliche Kautschukdecke,
was halfen die beiden übereinander gezogenen Paletots, wenn
der Regen durch Knopflöcher, von der Mütze abwärts in den
Kragen, seinen Weg in so reicher Fülle fand, daß man sich billig
wundern mußte, der Fortsetzung des Rinnsals nicht an den
Schuhsohlen wieder zu begegnen!

Daß trotzdem die gute Stimmung, ja selbst der Humor nicht
ausging und wir, die feuchte aber immer noch glimmende Cigarre
im Munde — nebenbei die einzige Leuchte außer einer trübe
qualmenden, an der nächsten Biegung der Tranchee stehenden

Stalllaterne —, ganz fidel und vergnügt den kaltgewordenen
Glühwein schlürften, das findet lediglich in der unverwüstlichen
Elasticität der Jugend seine Erklärung, die uns heute — lägen
nicht außer der frischen Erinnerung an einzelne Erlebnisse, die
Aufzeichnungen des Tagebuches, sowie die Briefe in die Heimat
aus jener Zeit vor uns — wie gemacht und jedenfalls sehr un-
glaubwürdig erscheinen würde.

Den einmal eingenommenen Platz wieder zu verlassen, wäre
gradezu ein Herausfordern des Schicksals gewesen, denn unter
uns hatten wir das Lager doch allmählich trocken gelegen; so
rührte sich auch fast kein Mensch von der Stelle, als in ziemlich
unmittelbarer Nähe eine feindliche Bombe einschlug. Ja, trotz des
nassen Lagers und des unablässig von oben kommenden himm-
lischen Nasses, hätte man schlafen können, wenn uns nicht, außer
dem Donner der eigenen und der feindlichen Geschütze, ein immer
wieder auftauchendes Gewehrfeuer aus der uns zunächst liegenden
Lünette 53 gestört hätte. — „Back“, „back“, „back“ — ging es
in unregelmäßigen Zwischenräumen über unsere Köpfe hin, und
daß dieses — aufs Geratewohl — in die Dunkelheit abgegebene
Gewehrfeuer nicht ganz resultatlos war, das bewiesen die von
den anderen Compagnieen einlaufenden Meldungen über Verluste,
namentlich der auf der Berme (dem Absatz hinter der Brustwehr)
stehenden Posten, von welchen einer erschossen und zwei schwer
verwundet wurden.

„Na den Kerls wollen wir es morgen, bei hellem Tage, schon
besorgen“, war die Redensart, mit der man seinem Aerger, schon
über die gestörte Nachtruhe, Ausdruck gab!

Endlich graute der Morgen!

Steif von dem harten Lager, übernächtig, fröstelnd erhob
man sich. Ein Ausschütteln der Kleider, ein Stampfen mit den
Füßen, ein Abwischen der Regenspuren vom Gesicht ersetzte die
Morgentoilette; ein Schluck Cognac mit einem Bissen völlig auf-
geweichten Brotes ersetzte das Frühstück!

Gott sei Dank!, der Regen hatte aufgehört, sodaß ein Mehr
von Feuchtigkeit einstweilen wenigstens nicht zu befürchten war.

Den Ausfall in dieser Richtung suchte der Feind, anscheinend
durch vermehrtes Geschütz- und Infanteriefeuer seinerseits, sowie
die Breschbatterieen durch den verstärkten weit nach rückwärts das
Terrain unsicher machenden Steinhagel wieder auszugleichen.

In der feuchten, regenschweren Luft, ballte sich der weiße
Pulverdampf zu phantastischen Gebilden zusammen, die wieder
durch den gleißenden, stechenden Feuerstrahl, der beim Abfeuern
der Geschütze grell die mattfarbige Umgebung durchbrach, zerrissen

wurden, um im nächsten Augenblick, als neues wogendes Nebel=
meer, lang am Boden hinziehend, alles zu verhüllen.

Vom hochgelegenen Südrande von Schiltigheim über den
Kirchhof St. Helena, bis weit hinüber nach Kronenburg, schleuderten
die deutschen Batterieen ihren Eisenhagel gegen die Stadt. In
hohem Bogen zogen, schwarzen Bällen vergleichbar, die Bomben
ihre Bahn, während die Granaten in solch rasendem Tempo, bei
viel gestreckterer Flugbahn, die Luft durchschnitten, daß sie nur
für das Ohr wahrnehmbar blieben.

Von gegenüber, von den Bastionen der Westfront, weit über
das Zaberner Thor hinaus, von links vom Finkmatthornwerk bis
zum Hornwerk der Grenadiere antworteten die schweren Kaliber
der Festung.

Der Erfolg war der gewöhnliche; nach kaum zweistündigem
Feuergefecht war die feindliche Artillerie niedergekämpft, während
das Infanteriefeuer, wenn auch wesentlich schwächer, noch immer
wie herausfordernd zu uns herüberschallte.

Da ein Ueberschießen der eigenen, in der Halbparallele und
dem Couronnement liegenden Truppen zu vermeiden war, erbat
ich mir die Erlaubnis, mit einigen als gute Schützen bekannten
Unterofficieren und Mannschaften das besonders in Lünette 53
immer wieder auftauchende Infanteriefeuer zum Schweigen zu
bringen.

Ein Zündnadelgewehr unterm Arm, in den Taschen mehrere
Pakete Patronen, machten wir uns, den Compagniechef an der
Spitze, auf den Weg, um im Couronnement einen günstigen Punct
zur Ausführung unseres Vorhabens zu finden. Dort wurden uns
bereitwilligst Sandsäcke in genügender Anzahl zur Verfügung ge=
stellt, die uns nicht nur den nötigen Schutz, sondern auch gleich=
zeitig für das Gewehr eine feste Unterlage gewährten.

Nach einigen Probeschüssen nach dem gegenüberliegenden
Wall der Lünette 53, bei welchem uns eine kleine schwarze Tafel
in der Höhe der Brustwehrkrone, wo kleine Sandsackscharten
deutlich erkennbar waren, zum Einschießen diente, hatten wir das
richtige Abkommen gefunden, und lagen nun auf der Lauer, bis
einer der nächtlichen Störenfriede sich wieder vernehmen ließ.
Sobald wir sahen, daß sich die Mündung eines Gewehrlaufes durch
die Scharte schob, krachten auch unsere Schüsse, die wenigstens
die erkennbare Wirkung hatten, daß nach ungefähr halbstündiger
Fortsetzung dieses Verfahrens aus diesem Werke kein Schuß
mehr fiel.

So verging der Vormittag verhältnismäßig rasch, war doch
für Abwechslung nach jeder Richtung genügend gesorgt. Dazu
war uns bekannt, daß wir wieder in unsere alten, lieb gewordenen

Quartiere in der Rupprechtsau kommen sollten, wo uns außer der Bequemlichkeit civilisirter Zustände auch ein gedeckter Tisch erwartete, sodaß wir uns, als um 2 Uhr nachmittags die Ablösung erschien, mit dem vollen Behagen, nach erfüllter Pflicht der Ruhe pflegen zu können, auf den Heimweg machten.

Der Zustand der Tranchee war, wenn möglich, noch schlimmer wie am vergangenen Tage. Da jedoch an unserem Aeußeren nichts mehr zu verderben war, und wir außerdem jegliches Gefühl der Scheu, auch vor den grundlosesten Stellen, abgestreift hatten, wanderten wir unverzagt fürbaß, um nach fast einstündigem Marsch wieder festen Boden unter den Füßen zu haben.

Wie „kriegsmäßig" wir aussehen mußten, bewiesen uns die Ausdrücke des Erstaunens, mit welchem wir von den Bewohnern Schiltigheims und Bischheims begrüßt wurden. Wir mochten heute auch ganz besonders gegen die Civilbevölkerung abstechen, die des Sonntags wegen in feiertäglichen Kleidern trotz der hin und wieder einschlagenden Granaten in dichten Gruppen auf den Straßen umherstand. Unsere durch längere Gewöhnung erlangte Gleichgiltigkeit gegen die feindlichen Geschosse durften wir uns nicht allzu hoch anrechnen, wenn wir die gleiche Nichtachtung der unleugbaren Gefahr bei den Bewohnern der umliegenden Dörfer sahen. Außer den Gebäuden am Südrande von Schiltigheim, die schon aus militärischen Gründen hatten geräumt werden müssen, bewegte sich jetzt, nachdem nur der erste Schrecken überwunden war, der Verkehr auf den Straßen wie in den Friedenszeiten. Harmlos standen, wie sonst an Feiertagen, die Leute plaudernd zusammen; alle Kaufläden, selbst in beschädigten Häusern, waren geöffnet, die Wirtshäuser gefüllt. Selbst spielende Kinder auf der Straße, wo kurz zuvor vielleicht — nach den unverkennbaren Spuren zu urteilen — eine Granate ihren Weg genommen hatte, waren keine seltene Erscheinung!

Die Unbefangenheit der eingesessenen Bevölkerung, mit der sich unsere Leute überhaupt auf einen ganz guten Fuß gestellt hatten, ging, trotz der in letzter Zeit wieder heftiger gewordenen Beschießung der Vororte, so weit, daß durch Befehl des commandirenden Generals ausdrücklich das Betreten der Laufgräben durch Civilpersonen verboten werden mußte.

Zu dieser Gleichgiltigkeit gegen die Gefahr mochte zum guten Teil die Erfahrung beigetragen haben, daß die französischen Granaten nur in den seltensten Fällen crepirten, also lediglich als Vollgeschosse wirkten, und daß daher schon eine beträchtliche Portion „Pech" dazu gehörte, grade von einem solchen Einzelwesen getroffen zu werden.

Der Grund für diese auffallende Erscheinung lag in der schon oben erwähnten Vernichtung der Kriegsbestände an Metallzündern bei dem Brand der Citadelle, während der Versuch über Neu= breisach, auf dem Wasserwege, Ersatz heran zu bringen — am 7. September — an der Aufmerksamkeit der am Linzenkopf (am Rhein) stehenden badischen Posten gescheitert war. —

Es war gegen 4½ Uhr nachmittags geworden, als wir wieder „zu Hause" anlangten, froh, in den bekannten Räumen alles zu finden, was uns die Anstrengungen der letzten 24 Stunden ver= gessen machen konnte.

Dem schweren Regentag folgte am 19. September ein so strahlender Herbstmorgen, daß man den Glauben an die Mög= lichkeit des Regens überhaupt hätte verlieren können, wenn nicht die überall zum Trocknen aus= und aufgehängten Kleidungsstücke uns allzu deutlich vom Gegenteil überzeugt hätten.

Der Vormittag wurde, nachdem man sich tüchtig ausgeschlafen, mit Briefeschreiben zu Ende gebracht, und nach dem Essen ein längerer Ritt in die Umgebung unternommen, der bis zum „Eng= lischen Hofe" ausgedehnt wurde.

Der Abend vereinigte die Hausgenossen wieder zum gemein= samen Abendbrot mit darauffolgendem Glühwein, der bei der schon merklich kühler werdenden Witterung sehr angebracht war, und uns als treuer Begleiter durch alle Strapazen des kommenden Winterfeldzuges — den man damals allerdings noch nicht ahnte —, begleiten sollte.

Am folgenden Vormittag, 20. September, fand bei herr= lichstem Wetter auf der Parkwiese hinter unserer Villa ein Feld= gottesdienst statt, an welchem die Officiere und die Mannschaften beider Bekenntnisse in zwei offenen Carrées neben einander teil= nahmen.

Zu Tische hatten wir als Gäste die beiden Geistlichen, sowie verschiedene andere Herren, die dem Gottesdienst beigewohnt hatten und wegen der weiten Entfernung ihrer Quartiere gerne der Ein= ladung unseres Bataillonscommandeurs folgten.

Der Nachmittag sollte mir ein ganz unerwartetes Wiedersehen mit einem Genossen meiner frühesten Schulzeit bringen, der hierher geeilt war, um seinen bei unserm Regiment als Vicefeldwebel der Reserve stehenden Bruder vor der bevorstehenden Entscheidung, die — bei dem raschen, durch die Zeitungen auch im Inlande bekannt gewordenen Vorwärtsschreiten der Belagerungsarbeiten —, in kurzem erwartet wurde, noch einmal zu sehen.

Zwölf Jahre waren seit unserem letzten Zusammensein ver= flossen. Wie unendlich lange dünkte mich damals diese Spanne Zeit! — Allerdings umfaßte dieselbe die ganze Entwickelungsperiode aus der Kindheit zum Manne.

Wie alt und erfahren kam man sich damals mit seinen drei=
undzwanzig Jahren vor, und wie alt vor allem erschien jener
Schulfreund, der aus einem lebenslustigen, zu jedem tollen Streiche
aufgelegten Knaben, ein körperlich gebrochener Mann geworden
zu sein schien.

Die etwas elegische Stimmung des alten Freundes, der sozu=
sagen um Abschied zu nehmen gekommen war, konnte unseren
guten Humor nicht trüben, im Gegenteil war noch soviel Ueber=
schuß davon vorhanden, daß wir schließlich noch einen recht ge=
mütlich angeregten Abend zusammen verlebten.

Ganz unerwartet traf uns am Vormittag des 21. September,
mitten im Compagnie=Exerciren, welches ebenfalls auf der Park=
wiese unseres Quartieres stattfand, der Befehl, um 12 Uhr zum
Beziehen der Trancheewache bereit zu stehen.

In aller Eile wurden die Mannschaften mit dem Auftrage
entlassen, sich noch durch reichliches warmes Essen für die bevor=
stehenden Anstrengungen zu stärken, während wir selbst uns in
gleicher Weise auf die nächsten 24 Stunden vorbereiteten.

Auf demselben Wege, wie am 17. September, marschirten
wir auch heute „Granatenaufwärts", allerdings dieses Mal bei
dem schönsten Wetter, welches seinen Einfluß nicht nur auf die
allgemeine Stimmung der Leute, sondern auch auf den Zustand
der Laufgräben in der günstigsten Weise erkennbar machte. Zwar
ließ die Grabensohle noch mancherlei zu wünschen übrig, zwar
geriet auch heute noch der Fuß in die das Vorwärtskommen so
hemmende gleitende Bewegung, allein gegen die Erfahrungen
unseres letzten Besuches konnte doch ein großartiger Fortschritt zum
Besseren constatirt werden. In der zweiten Parallele, unserem
— wie es sich bald herausstellen sollte — nur vorläufigen Ziele,
hatten wir uns bald eingerichtet.

Die Entfernung von den feindlichen Werken war zwar eine
bedeutend größere, darum die Gefahr jedoch nicht geringer, ja
eher eine erhöhte, da die weiter vorgeschobenen Belagerungsarbeiten
schon gleichsam im toten Winkel des Hauptwalles lagen und nur
von den seitwärts liegenden Werken aus beschossen werden konnten,
während wir, grade durch die größere Entfernung, dieser ersten
Vergünstigung wieder verlustig gingen. Der Aufenthalt war daher,
wenn auch die Compagnie, abgesehen von einigen leicht Contusio=
nirten, ohne Verluste blieb, nicht sehr behaglich und vor allem
nicht so interessant, wie in den weiter vorgeschobenen Stellungen,
wo man sich die Zeit wenigstens durch active Anteilnahme ver=
treiben konnte.

Wir sollten jedoch noch vollauf entschädigt werden!

Lünette 53 war am Abend vorher durch eine Compagnie

unseres Brigade=Regimentes, und zwar ohne daß der Feind die Bresche verteidigt hätte, besetzt worden.

Zur Ablösung dieser Compagnie waren wir im besonderen bestimmt, doch sollte zur Vermeidung von Verlusten die Dämmerung erst völlig abgewartet werden. Die Zwischenzeit wurde benutzt, um die Unterofficiere und Mannschaften im allgemeinen von dem bekannt gewordenen Innern des Werkes, Form und Lage der Hohlräume zu unterrichten.

In lautloser Stille marschirten wir, unter Kreuzung endloser mit Faschinen und sonstigem Material beladener Arbeitercolonnen, nach dem Couronnement ab; dort, uns rechts wendend, befanden wir uns vor dem Grabenniedergang, der, in der Breite von etwa acht Metern durch die Contreescarpenmauer gesprengt, bis auf den Wasserspiegel führte.

Ein Damm von ungefähr drei bis vier Meter Breite, dessen linke, nach Lünette 52 zu liegende Seite durch eine Wand von Faschinen und Sandsäcken geschützt war, hinter welcher Pioniere in emsigster Thätigkeit an der Vollendung und Verbesserung des Ueberganges arbeiteten, vermittelte die Verbindung mit der gegen= überliegenden Bresche.

Der Erddamm, an dessen Seiten das Wasser des Grabens in schmutzig=weißlichen Blasen gurgelte, hatte in der Mitte eine bedenkliche, an die Laufgrabensohle bei Regenwetter erinnernde, breiartige Stelle.

Das Ersteigen der Bresche selbst, die nach 24stündiger Arbeit verhältnismäßig gangbar gemacht worden war, ging bequem und eigentlich auch gefahrlos von statten. Kaum aber war die Brust= wehrkrone erreicht, von wo nur mehr kaum 1½ Fuß breite Zick= zacklinien in das Innere des Werkes führten, als auch schon das unheimliche Klatschen der Chassepotgeschosse sich bemerkbar machte, sodaß es der Warnung des an dieser Stelle die Erweiterungs= arbeiten leitenden Pionierunterofficiers gar nicht erst bedurft hätte.

In Reihen zu einem, zwängten wir uns an den Arbeitern im wahren Sinne des Wortes, Körper an Körper, vorüber, hinunter in den Hof des Werkes in der Richtung auf die an der linken Face liegenden Hohltraverse, die mir und meinem Zuge, neben der Besetzung der Kehle, im besonderen zugewiesen war. Von letzterer, die durch einen stark profilirten Schützengraben geschlossen war, führte ein schmaler Damm — ein sogenannter Grabenkoffer — durch den ungefähr 200 Meter breiten, seeartig erweiterten Wasser= graben nach den dahinter liegenden Werken. Da dieser Damm den einzigen Zugang zu unserer Lünette bildete, war die Haupt= aufgabe der Kehlbesatzung, jeden Annäherungsversuch zu verhindern.

Im übrigen war Befehl gegeben, jedes Herausfordern des den Hauptwall und die davor liegenden Contregarden besetzt haltenden Feindes zu vermeiden, da das Innere der Lünette nicht nur wegen seiner vertieften Lage völlig eingesehen, sondern weil vor allem die Erdarbeiten im Innern noch nicht weit genug fortgeschritten waren, um wirksame Deckung zu gewähren.

So blieb also vorerst nichts übrig, als Gewehr im Arm den bei der hellen Nacht deutlich aus dem glänzenden Wasserspiegel sich abhebenden Koffer im Auge zu behalten, während der größere Teil meines Zuges in der westlichen Hohltraverse, deren Eingang durch Sandsäcke geblendet war, Aufnahme fand.

Inzwischen rauschten die Infanteriesalven ununterbrochen über uns hin, hatte doch der Verteidiger in den letzten 24 Stunden eine entschieden größere Rührigkeit entwickelt. Offenbar hatte ein Wechsel in der Besetzung der zumeist gefährdeten Front stattge= funden, denn neben dem Käppi der französischen Infanterie zeigten sich auch die malerischen Kopfbedeckungen der Zuaven und Turkos, welche ursprünglich zur Besatzung der Citadelle gehört hatten.

Meine Mannschaften hatte ich, so gut es gehen wollte — und es geht, namentlich bei solchen Gelegenheiten, wo draußen geschossen wird, eine unglaubliche Anzahl geduldiger Wollträger in einen Stall! —, in der uns zugewiesenen Hohltraverse untergebracht. Ich selbst stand am Eingange derselben, im Gespräch mit einem Officier der zur Arbeit commandirten Garde=Landwehr; etwa einen halben Schritt hinter mir stand der älteste Sergeant meines Zuges, den die Neugierde veranlaßt hatte, aus dem Schutze des Mauer= werkes herauszutreten. Da zischte ein unsichtbares Etwas so scharf an mir vorüber, daß ich fast körperlich dadurch berührt wurde, gleichzeitig fuhr der Sergeant mit einem leichten Aufschrei zurück, konnte mir jedoch auf meine besorgte Frage nur einen ganz leichten, wenn auch schmerzhaft wie von einem Peitschenhieb herrührenden Streifschuß an der rechten Hand zeigen.

Wir ließen diese Mahnung nicht unbeachtet, und zogen uns mehr in das Innere zurück, wo es sich die Mannschaften einst= weilen bequem gemacht, und auch ich mir einen Platz dicht am Eingange, schon um im Notfalle rascher bei der Hand sein zu können, frei hatte halten lassen. In Ermangelung von Stroh schob ich mir ein Kochgeschirr als Polster unter den Kopf, und hatte grade einige der Form und der Masse nach zur Unterlage sehr wenig geeignete Gegenstände entfernt — die sich bei Tages= licht als die abgerissenen Bleimäntel deutscher Granaten erwiesen —, als plötzlich ein greller Blitzstrahl unsere ganze, sonst in tiefstes Dunkel gehüllte Traverse erleuchtete. Unmittelbar darauf ertönte dicht vor der Eingangsöffnung ein betäubender Krach, dem ein lauter Jammerruf folgte. Nicht fünf Schritte von uns war eine Granate eingeschlagen, hatte einen Arbeiter getötet, sowie einem Pionier den Arm zerschmettert. Der entsetzlich verstümmelte Körper des Toten wurde einstweilen hinter unserer Traverse niedergelegt, während der Verwundete von einem Lazarettgehilfen nach rückwärts, zu dem im Couronnement eingerichteten Verbands-platze geleitet wurde.

Da bei dem furchtbaren Feuer, welches in immer zunehmender Heftigkeit entbrannt war, abgesehen von dem unbequemen Lager und der allmählich sich in dem kleinen Raum entwickelten Atmo-sphäre, doch nicht an Schlafen zu denken war, begab ich mich, nachdem ich mit einem kühnen Sprung aus der etwas erhöht gelegenen Traverse den Laufgraben erreichte, vorsichtig auf Er-kundigung.

Zuerst besuchte ich meinen Unterofficierposten an der Kehle, den ich in Ordnung und vollauf seiner Aufgabe eingedenk wachsam vorfand.

Dann dehnte ich meine Expedition nach der auf der anderen Seite des Werkes liegenden östlichen Traverse aus, wo ich den Compagniechef mit dem größten Teil der Compagnie anwesend wußte.

Hier erfuhr ich nun, daß in derselben Nacht eine Tonnen-brücke vom Couronnement aus über den Wassergraben nach der benachbarten Lünette 52 geschlagen werden sollte, und daß wir, das heißt die Besatzung der Lünette 53, komme, was da wolle, unseren Posten zu halten, uns jedoch gemäß den früher erlassenen Vorschriften nur bei einem directen Angriff an dem sich etwa entspinnenden Feuergefecht zu beteiligen hätten.

Es mochte inzwischen 9 Uhr geworden sein. Die feindlichen Werke unterhielten nur ein mäßiges Feuer. In scheinbar tiefster Ruhe lagen die Schwesterlünetten 52 und 53.

Auf Händen und Füßen kriechend suchten wir — der Com-pagniechef hatte sich mir angeschlossen —, auf der, der Lünette 52 zugekehrten Brustwehrkrone einen Punct zu erreichen, von wo wir den Uebergang möglicherweise beobachten konnten. Der Weg war durch die von Bombenwürfen vielfach zerrissene Oberfläche, nicht grade bequem, außerdem — abgesehen von den feindlichen Ge-schossen — nicht ganz ohne Gefahr, da ein Abrutschen in der Dunkelheit unfehlbar einen Sturz ins Wasser nach sich ziehen mußte.

Trotz der verhältnismäßigen Helle der Nacht und trotz der geringen Entfernung — kaum 150 Meter — die uns von Lünette 52 trennten, war nichts, als die gespenstisch aus dem Wasser-spiegel aufragenden, in der Dunkelheit unförmig sich vergrößernden

Massen des Erdwerkes zu unterscheiden. Von Arbeiten, oder nur
Vorbereitungen, die auf das beabsichtigte Unternehmen schließen
ließen, war nichts zu sehen; freilich — doch das wußten wir
damals noch nicht — sollte der Uebergang auf der rechten (öst=
lichen) Face der Lünette bewerkstelligt werden.

Da wir schließlich von der Kehle unseres Werkes aus, voraus=
gesetzt, daß überhaupt etwas zu sehen war, dieselbe Aussicht haben
mußten, so wurde der Abstieg von der Brustwehrkrone nach dem
Schützengraben, der inzwischen noch wesentlich verstärkt und ver=
breitet worden war, unternommen.

Das feindliche Feuer hatte mit Unterbrechungen fortgedauert,
sich aber zeitweilig so bedeutend verstärkt, daß wir schon meinten,
der Brückenbau sei entdeckt, während wir selbst, trotz angestrengtester
Aufmerksamkeit mit Auge und Ohr, auch nicht die leisesten An=
zeichen in der betreffenden Richtung zu erkennen vermochten.

Bei dem heftigen Feuer, welches unsere Batterieen in dieser
Nacht gegen die Hauptangriffsfront und alle Nebenwerke unter=
hielten, sowie bei den Entfernungen, die uns, wie Lünette 52
von den nächsten Contregarden trennten, mußte allerdings ein
Geräusch, welches die vorbereitenden Arbeiten etwa verursachten,
schon ein recht kräftiges sein, um sich überhaupt aus all diesem
Krachen und Knattern vernehmbar zu machen.

So schien auch der Feind noch nichts bemerkt zu haben, denn
nach kurzem Aufflackern schwieg sein Feuer allmählich wieder, um
nur in der gewohnten Weise fortgesetzt zu werden.

Die Sache fing an mich zu ermüden, und da der Aufenthalt
in der Traverse, trotz des harten Unterlagers, immer noch dem
unbequemen Standpunct in dem feuchten, frisch ausgehobenen
Schützengraben vorzuziehen war, so begab ich mich — es mochte
10¹/₂ Uhr geworden sein — zu dem Rest meines Zuges in die
Hohltraverse zurück.

Wenn auch die hier herrschende Atmosphäre nicht grade allen
hygieinischen Anforderungen eines Luftcurortes entsprach, so war
es hier doch wenigstens wärmer, als in der schon merkbar herbstlich
angehauchten Außenluft.

Nachdem ich meinen Platz wieder dicht an der Eingangs=
öffnung eingenommen und mein „Polster" wieder gefunden hatte,
gelang es mir, wie auch anscheinend der Mehrzahl der Mann=
schaften, ruhig einzuschlafen.

Es mochte nahe auf Mitternacht gehen, als wir durch ein
mit solch rasender Heftigkeit entbranntes Feuer jäh aus dem
Schlafe geweckt wurden, daß es mir sofort klar war, daß irgend
eine ganz besondere Veranlassung vorliegen müsse.

Und so war es auch! Wie wir in kurzem erfahren sollten,

war sowohl der Bau der Brücke wie die Besetzung der Lünette 52 durch eine Pionier= und eine Infanteriecompagnie, scheinbar un= bemerkt vom Feinde, von statten gegangen. Erst als es sich herausgestellt hatte, daß die vorhandenen Arbeitskräfte zur Her= stellung der rückwärtigen Verbindung nicht genügten und eine Abteilung Garde=Landwehr zur Unterstützung herangezogen worden war, machte diese beim allzu eiligen Ueberschreiten der gefährlichen Passage — trotz der Strohschüttung — ein solches Geräusch, daß der Verteidiger aufmerksam wurde und nun aus der links an= schließenden Lünette 54 und den Frontalwerken Brücke, Werk und Couronnement mit einem solchen Eisen= und Bleihagel überschüttete, wie er in dieser Heftigkeit bis jetzt von uns noch nicht erlebt worden war. Da der Feind gleichzeitig von dem Retranchement Contades gegen unsere Vorposten auf der Insel Jars vorging und allmählich sich auch die übrigen Werke der Angriffsfront und der Nordfronten an dem Kampfe betheiligten, so gestaltete sich diese Nacht zu einer der bewegtesten und verlustreichsten der ganzen Belagerung.

Aber auch von unserer Seite blieb man die Antwort nicht schuldig. Wie auf Commando fielen fast sämtliche Batterieen in das höllische Concert ein und überschütteten besonders Lünette 54 und die Contregarde 12 bis mit einem solchen Hagel von Geschossen, daß namentlich das gegen die Tonnenbrücke gerichtete Kartätsch= feuer der letzteren, die uns schräg gegenüber lag, bald zum Schweigen gebracht wurde.

Dazwischen knatterte das Gewehrfeuer der Laufgrabenwache aus dem Couronnement gegen die ihrerseits einen ununterbrochenen Feuerstreifen bildenden Linien des Hauptwalles.

Deutlich waren die scharf gebrochenen Formen der Bastione und Curtinen an den aufflammenden Schüssen zu unterscheiden, die nur da eine kurze Unterbrechung erlitten, wo eine Granate grade ihre verderbliche Wirkung geäußert hatte. Gegenüber glühte, einer Illumination gleich, das ganze Couronnement, und als auch wir nun infolge persönlichen Befehls des im Couronne= ment anwesenden commandirenden Generals den Auftrag erhielten, uns von der Kehle aus mit allen ins Feuer zu bringenden Ge= wehren an dem Kampfe zu beteiligen, um die Aufmerksamkeit des Feindes von der arg bedrängten Besatzung der Lünette 52 abzuziehen, da krachten auch von unserer Seite die Gewehre lustig in das allgemeine Concert hinein.

Bei der schon am Tage erkundeten Entfernung galt es für uns nur, das Visir richtig einzustellen und direct in das Feuer der aufblitzenden Schüsse zu halten.

Während nun das Infanteriefeuer in einer solchen Heftig=

keit über uns hinrauschte, daß die Luft wie in Schwingungen geriet, hatten wir, dank unserer vertieften Lage, nur ganz geringe Verluste, da der vom erhöhten Hauptwall schießende Gegner hauptsächlich die aus dem Couronnement feuernden Schützen zum Zielpunct zu nehmen schien. Dagegen sollte uns um so mehr das Artilleriefeuer aus den Seitenwerken belästigen, deren zu kurz gehende Geschosse entweder im Hof der Lünette oder dicht vor oder hinter uns im Wasser crepirten.

Gleich riesigen Fontainen, wie der Wutausbruch ungeheuerlicher Wassergeschöpfe, sprangen breite Wassergarben aus der mit Pulverdampf dicht erfüllten Grabenniederung in die Höhe, Eisensplitter, Schlamm und Erde weithin um sich werfend. Krachend und knirschend war der Wiederhall, wo Mauerwerk den furchtbaren Anprall der Geschosse auszuhalten hatte — kurz es war ein Hexenkessel im wahrsten Sinne des Wortes, in dessen Mittelpunct wir uns, noch dazu im Gefühle verhältnismäßiger Sicherheit, befanden, sodaß ich mit vollem Bewußtsein den prickelnden Reiz jener Stunden in mich aufnehmen konnte.

In all diesem Tohuwabohu regte sich nichts in Lünette 52. Schweigend und ernst, nur zuweilen grell von dem Blitz einer crepirenden Granate auf kurze Secunden erleuchtet, wie unbekümmert um die Außenwelt, lag der Gegenstand all dieses heißen Ringens in finsterer Ruhe da.

Der Himmel war klar, wenn auch ohne Mondschein, dagegen hatte der auf der weiten Wasserfläche sich bildende Nebel, zusammen mit dem immer dichter werdenden Pulverdampf, ein solches clair obscur geschaffen, daß selbst die Feuerlinie des Hauptwalles nur noch matt zu erkennen war.

Da — Mitternacht mußte längst vorüber sein — verbreitete sich auf einmal, von Norden kommend, eine immer intensiver werdende Helligkeit, die in gradezu unheimlicher Weise plötzlich die Lünette 52 wie eine Fata morgana in rötlichem Licht aus der Dunkelheit auftauchen und auch die Kehle unseres Werkes taghell erscheinen ließ.

Am Südostrande von Schiltigheim war ein größeres Gebäude in Brand geraten, dessen Flammen, trotz der Entfernung von 1200 Metern und trotzdem sie durch Geschosse der Verteidiger entzündet waren, diesem in seiner Bedrängnis noch den letzten Liebesdienst erwiesen, die Lünette 52 so hell zu beleuchten, daß die Gestalten auf der Brustwehrkrone und an der äußeren Wallböschung deutlich erkennbar hervortraten.

Das nun folgende Feuer des Feindes spottete jeder Beschreibung! Hatten wir bis dahin geglaubt, daß eine Steigerung nicht mehr möglich, so sollten wir jetzt eines Besseren belehrt werden. Ein Prasseln, Krachen, ein Schwirren und Pfeifen, als wäre die ganze Hölle losgelassen, zerriß die Luft, daß alles Vorherige wie ein schwacher Auftact zu der jetzt eintretenden Katastrophe erschien! Brausend kam vom Couronnement, von allen Batterieen der Gegengruß! Die Läufe der Gewehre waren so heiß geworden, daß die Mannschaften sie kaum mehr zu berühren vermochten, galt es doch vor allem, den Kameraden auf Lünette 52 Luft zu machen, deren Verluste sich in wenigen Minuten verhängnisvoll gehäuft hatten. Allein auf der Brustwehrkrone war der Tranchee-Major, ein Officier der Garde-Landwehr, sowie mehrere Pioniere und Mannschaften der Garde-Landwehr teils gefallen, teils schwer verwundet worden. Das ganze Couronnement lag voll Verwundeter und Sterbender, sodaß um ärztliche Hilfe nach rückwärts geschickt werden mußte.

Bei der zunehmenden Helle, des, größeren Umfang annehmenden, Brandes war an den weiteren Ausbau der Brücke, durch Anbringung eines nach links gegen Lünette 54 deckenden Schirmes, in dieser Nacht nicht mehr zu denken. Die Verbindung der Lünette 52 mit dem Couronnement, konnte daher, hinter der als Deckung benutzten Brücke, nur durch Kahn stattfinden, von welchen auch bereits eine ganze Anzahl im Graben lag. Erst in den Morgenstunden gelang es, zur bloßen Deckung gegen die Sicht eine Bretterwand fertig zu stellen, während man sich· später zur Anschüttung eines Erddammes hinter der Brücke selbst entschließen mußte.

Unter der Wirkung unserer überlegenen Artillerie und mit dem Vorschreiten der Nacht machte sich, wie von selbst, ein Matterwerden des feindlichen Feuers bemerkbar, doch waren die Nerven durch die Ereignisse der letzten Stunden noch zu sehr erregt, um überhaupt an ein Schlafen zu denken.

Durch die rastlose, nur während der Siedepuncte des nächtlichen Feuergefechtes auf kürzeste Zeit unterbrochene Arbeit der Pioniere und der Garde-Landwehr, hatten die Brustwehren der Logements und der Communicationen im Innern unserer Lünette eine solche Stärke erreicht, daß man beinahe gefahrlos, gegen den directen Gewehrschuß jedenfalls vollständig gesichert, von einer Stelle zur anderen gelangen konnte. Ich beschloß daher, nachdem mit Anbruch des Tages ein Wallbüchsendetachement eingetroffen war, welches mit seinen weittragenden Waffen die gegenüber liegenden Werke besser bekämpfen konnte, das Feld unserer Thätigkeit, wozu es am Abend vorher an Zeit und Beleuchtung gefehlt hatte, in näheren Augenschein zu nehmen.

Im Hofe der Lünette, zum Teil noch hinter der Brustwehr

in den ursprünglichen Stellungen, fanden wir sechs zurückgelassene
leichtere Geschütze, von welchen höchstens noch zwei schußfertig zu
machen gewesen wären, derartig hatten nicht nur die Räder und
Laffetten, sondern auch die Rohre selbst unter dem treffsicheren
Feuer unserer Demontirbatterieen gelitten. Interessanter noch war
die Ausbeute, die wir in den Souterrains der Hohlräume machen
sollten.

Außer einer großen Anzahl von Kisten mit Munition für
das Chassepotgewehr, die wir mit gemischten Gefühlen in Augen=
schein nahmen, fanden wir eine solche Menge von Cartouchen und
mehrere Tonnen losen Pulvers, daß wir im wahren Sinne des
Wortes auf einem Vulcan geschlafen hatten. Der gefährliche Fund
wurde unter Anwendung der größten Vorsicht — da das fran=
zösische Pulver für unsere Geschütze doch nicht zu verwenden war —,
in das Wasser des Grabens versenkt, während die Infanterie=
patronen, zusammen mit den aufgefundenen Chassepotgewehren,
sofort Verwendung gegen die alten Besitzer finden sollten.

An den der feindlichen Front zugekehrten gemauerten Längs=
seiten der Hohltraversen lagen centimeterhoch die zu handbreiten
Tellern umgeformten Langbleigeschosse des Chassepotgewehrs, deren
klatschender Anschlag die ganze Nacht hindurch sein mißtönendes
Geräusch in das gewaltige Concert der schweren Geschütze gemischt
hatte.

Auch jetzt noch schlugen die Geschosse hier und überall ein,
wo nur die geringste Bewegung die Anwesenheit von Menschen
verraten konnte. Die Verwundungen bei der Besatzung wie unter
den Arbeitern häuften sich daher wieder so, daß den Mannschaften
einerseits aufs strengste die größte Vorsicht anempfohlen werden
mußte, während andererseits der Befehl erging, durch vermehrtes
Schießen den immer dreister werdenden feindlichen Schützen das
Handwerk zu legen.

Hier bot sich nun eine Gelegenheit, die erbeuteten Chassepots
auf ihre Treffähigkeit zu prüfen, die wir uns nicht entgehen lassen
wollten.

Das Interesse für die neue, unbekannte Waffe, deren weit=
tragende Geschosse uns schon so oft die empfindlichsten Verluste,
und zwar auf Entfernungen zugefügt, wo eine Antwort mit dem
Zündnadelgewehr von vornherein ausgeschlossen war, zeigte sich bis
auf die Mannschaften herunter, die nicht nur den fremden Me=
chanismus neugierig betrachteten, sondern auch ganz besonders auf
die zu erwartenden Schießresultate gespannt waren. Diese konnten,
abgesehen von der uns fehlenden Kenntnis der Haltepuncte, schon
deshalb nicht hervorragend sein, weil die Visireinrichtung eine so
wenig genaue war, daß ein „Fleckschießen" mit dieser — halb=

mondförmig ausgeschnittenen — Kimme überhaupt nicht beabsichtigt erschien. Dazu war der Rückstoß des Gewehrs, infolge der viel größeren Ladung und der chemischen Zusammensetzung des Pulvers, ein so heftiger, daß wir sehr bald wieder zu der altvertrauten Waffe zurückgriffen.

Dem vereinten Feuer der Wallbüchsen und Zündnadelgewehre aus dem Couronnement, sowie mit Unterstützung einiger dort neu in Stellung gebrachter Feldgeschütze gelang es, das feindliche Feuer derartig im Zaume zu halten, daß wenigstens das fortwährende Gekläffe der Chassepotgewehre auf einige Zeit zur Ruhe kam. —

Gegen die Mittagsstunde schwieg der Gegner so vollständig, daß die uns um 2 Uhr ablösende Compagnie sich ohne Belästigung, also auch ohne jeden Verlust, in der Stellung einrichten konnte.

Zur Vermeidung einer allzu großen Anhäufung von Mann=schaften in dem verhältnismäßig beschränkten Raum der Lünette, wurden unsere Leute unter Führung eines Officiers möglichst rasch über den Damm zurückgeführt, mit dem Auftrage, am Süd=ostausgange von Schiltigheim das Eintreffen des Compagniechefs und der übrigen Officiere, die zur Einweisung der neuen Besatzung noch zurückbleiben mußten, zu erwarten.

Die Uebergabe des Werkes erforderte immerhin eine geraume Zeit, sodaß, als wir das Couronnement erreicht hatten, die Com=pagnie voraussichtlich schon am Rendez=vous=Platze angelangt sein mochte.

Die drei Kilometer Weg durch die Laufgräben, trotzdem die Sohle derselben durch die trockene Witterung der letzten Tage bedeutend an Gangbarkeit gewonnen, hatte nichts Verführerisches. Die Luftlinie oder der zu durchmessende directe Weg von der Halbparallele betrug nur wenige hundert Meter. Der Feind schien, jedenfalls mit seinem Infanteriefeuer — welches hier allein in Betracht kam —, Mittagspause gemacht zu haben, denn seit einer geraumen Stunde war kein Schuß mehr gefallen.

Mein Vorschlag an den Compagniechef und den anderen Officier, diese Ruhepause zu benutzen, um den kürzeren Weg übers freie Feld zu nehmen, fand sofortige Zustimmung. „Eins, zwei, drei" hatten wir die Reverseite des Laufgrabens erstiegen, und nun gings wie ein Wirbelwind auf die äußerste Kante der nächsten Communication zu. Ein Sprung in den Graben, um Atem zu holen! Und so wiederholte sich das Spiel noch zwei bis drei Mal, bis wir glücklich in kürzester Zeit am Südostausgange von Schiltig=heim angelangt waren, ohne daß der Feind nur die geringste Notiz von uns genommen hätte.

Unser Fähnrichsstreich war geglückt, allerdings auch von officieller Seite gesehen worden, sodaß schon am folgenden Tag ein geharnischter Befehl erging, welcher die Wiederholung solcher Uebergriffe ein= für allemal verbot. — Nach dem Verhalten des Gegners in den letzten Tagen mußten wir annehmen, daß er den Widerstand bis aufs äußerste fort= setzen und es auf einen Sturm ankommen lassen würde.

Und welche Schwierigkeiten noch zu überwinden, welche Opfer ein solcher, namentlich bei einem darauf folgenden Straßenkampf kosten würde, davon hatten wir grade Gelegenheit gehabt uns genügend zu überzeugen.

Noch trennte uns vom Hauptwalle, trotz der Wegnahme der beiden Lünetten 52 und 53, ein doppelter, an vielen Stellen dreifacher Wassergraben, noch war ein mit gemauerten Graben= wänden, also vollständig sturmfreies Werk (Contregarde 11 bis), zu überwinden. Dabei führte die Verbindung nach rückwärts — der Weg, den die Sturmcolonnen zu nehmen hätten — einzig und allein über die schmalen Zugänge zu den Lünetten 52 und 53, und von da über die mitten im Stauwasser liegenden defileeartigen Grabenkoffer!

Trotz aller dieser Hindernisse schritten die Belagerungsarbeiten mit solcher Schnelligkeit vorwärts, daß uns, wie wir uns selbst sagen mußten, nur noch Tage von der letzten Katastrophe trennen konnten.

Daß diese Aussicht so manches Herz mit ernsten Gedanken erfüllen mußte, liegt so tief in der menschlichen Natur begründet, daß es wenig angebracht wäre, diese Empfindungen hier leugnen zu wollen. —

Nachdem wir wir ohne weiteren Zwischenfall unsere alten Quartiere erreicht, und uns dort wieder civilisirt, d. h. der Er= quickung, wie sie nur der reichliche Gebrauch kalten Wassers zu gewähren vermag, hingegeben, waren auch alle trüben Gespinnste verflogen und der ungebrochene Jugendmut gelangte wieder zu seinem vollen Rechte. — — — — — — —

— — — — — — — — — — — —

— Eng aneinander gedrängt, Mann an Mann, lagen wir seit Stunden in den Trancheen und den stark verbreiterten Erdgängen der Lünetten 52 und 53. Vor uns arbeiteten in fieberhafter Hast verstärkte Pioniercommandos, um die Communication durch den Grabenkoffer hinter Lünette 52 über die im Laufe des vergangenen Nachmittags durch Minen gesprengte Contregarden 11 bis und 51 für größere Truppenmassen gangbar zu machen.

Die feindliche Artillerie schwieg fast ganz, selbst das Infanterie= feuer, welches noch am Tage vorher den Fortschritt der Be= lagerungsarbeiten so sehr erschwert hatte, war völlig verstummt; um so lauter donnerten die Geschütze des Angreifers, der heute

Nacht nicht nur die eigentlichen Werke, sondern ganz besonders die dahinter liegenden Teile der Stadt unter heftiges Shrapnel= feuer nahm, um so jede Ansammlung nennenswerter Streitkräfte hinter der Angriffsfront unmöglich zu machen.

Wir standen unmittelbar vor der Entscheidung!

Nachdem die Belagerungsarbeiten infolge des gänzlich ab= wartenden Verhaltens der Verteidiger in den letzten 24 Stunden in erfolgreichster Weise gefördert worden waren, hatte der General v. Werder, von der Erwägung ausgehend, daß der Feind den 30. September, das historische Datum, an welchem vor 189 Jahren Straßburg dem deutschen Reiche entrissen worden war, als den wahrscheinlichen Tag des Sturmes ansehen und demgemäß vor= bereitet sein würde, den Entschluß gefaßt, den Gegner zu über= raschen und schon in der Frühe des kommenden Morgens stürmen zu lassen.

Der einheitlichen Führung halber sollten die Sturmcolonnen aus geschlossenen Bataillonen bestehen, die aus allen Linientruppen des Belagerungscorps durch das Los bestimmt worden waren.

Vom Regiment hatte uns die Ehre getroffen, als die ersten durch die in Bastion 11 geöffnete Bresche in die Stadt einzu= bringen. Zur Vermeidung eines möglichen Verrates waren nur die Commandeure von dem beabsichtigten Unternehmen in Kenntnis gesetzt worden, während erst nach dem Einrücken in die Lauf= gräben vorerst den beteiligten Officieren und dann durch diese den Unterofficieren und Mannschaften die Mitteilung von dem uns zugefallenen Auftrage gemacht wurde. Gleichzeitig waren genaue Pläne der zu überschreitenden Festungswerke, sowie der zunächst angrenzenden Stadtteile zur Verteilung gelangt, in welchen die einzuschlagende Richtung sowie die Grenze, bis zu welcher vorerst vorgedrungen werden sollte, für die einzelnen Bataillone ein= gezeichnet waren.

Von der uns aus der Nacht vom 21. zum 22. September wohlbekannten Lünette 53 sollte unser Weg durch den langen Erdkoffer über Contregarde 11 bis und von da über den Haupt= graben durch die in der Ostseite der Bastion 11 befindliche Bresche in die Stadt selbst führen. Zwar hatte sich wegen der tiefen Sohlenlage des Erdkoffers ein Ausheben von Laufgräben, wie sie in dem von Lünette 52 nach Contregarde 51 führenden Koffer in mäandrischen Linien deutlich zu erkennen waren, unmöglich er= wiesen, allein bei dem Verstummen des feindlichen Feuers durfte man hoffen, diese von den Nebenwerken eingesehene gefährliche Stelle ohne sonderliche Verluste überschreiten zu können, zumal grade wegen Fehlens der Deckungsarbeiten ein rascheres Passiren erfolgen konnte.

Sobald der Hauptgraben überschreitbar, sollte sich das gesamte
Feuer der Breschbatterieen gegen den über der Bresche stehen ge=
bliebenen Erdkeil richten und diesen zum Einsturze und Nach=
rutschen bringen. Nach der Berechnung sollte dieser Moment
um die sechste Morgenstunde eintreten. Alle Uhren waren
genau gestellt, um nach dem plötzlichen Verstummen sämtlicher
Batterieen ein gleichzeitiges Vorbrechen gegen beide Breschen zu
ermöglichen.

Sobald der Hauptwall erstiegen, und zwar lautlos, ohne das
traditionelle Hurrah, um den Feind nicht zu frühzeitig aufmerksam
zu machen, sollten wir uns, nach Unschädlichmachung der Bastions=
besatzung, nach rechts, nach dem Bahnhofe wenden, uns dort fest=
setzen und ein Vorbrechen des Feindes aus der inneren Stadt,
besonders über die beiden dort liegenden Brücken, unter allen
Umständen verhindern. Strengster Befehl war gegeben, den
durch den sogenannten falschen Wallcanal gebildeten Abschnitt
nicht zu überschreiten, da man in Erfahrung gebracht haben wollte,
daß der Feind, um aus Straßburg ein zweites Saragossa zu
machen, die gegenüberliegenden Häuser in verteidigungsfähigen
Zustand versetzt und alles zur hartnäckigsten Verteidigung ein=
gerichtet habe. Erst nachdem der ganze diesseits des ehemaligen
Wallcanals, also der zwischen der Finkmattcaserne und dem Ein=
tritt der Jll an der großen Schleuse gelegene Teil der Stadt in
unseren Händen, war beabsichtigt, dem General Uhrich auf Grund
der errungenen Erfolge eine erneute Aufforderung zur Uebergabe
zustellen zu lassen.

Die nach der inneren Stadt führenden Brücken sollten nur
in dem Falle überschritten werden, wenn die Gelegenheit besonders
günstig und es ohne größere Verluste geschehen konnte, am jen=
seitigen Ufer festen Fuß zu fassen; aber auch dann sollte man
sich auf das Festhalten der zunächst gelegenen Häuser beschränken,
und nach sofortiger Meldung nach rückwärts weitere Befehle ab=
warten. —

Langsam krochen die Stunden dahin! Wenn der Soldat im
Felde auch täglich, ja stündlich bereit sein muß, sein Leben hinzu=
geben, und wir in allen diesen Wochen nur auf kürzeste Zeit uns
außerhalb der Wirkung der feindlichen Geschosse befunden hatten,
so war es doch heute etwas anderes, sich so unmittelbar vor der
letzten Entscheidung zu wissen. Das Unbekannte, was jenseits
dieser Wälle auf uns lauern mochte, ein zu erwartender Straßen=
kampf mit allen seinen Schrecken, die nie ganz verstummten Ge=
rüchte eines ausgedehnten Minensystems unter der ganzen Angriffs=
front, dazu das völlig Unerwartete der Mitteilung, mochten das
Ihrige dazu beigetragen haben, die Stimmung der Officiere und

Mannschaften zu einer ernst nachdenklichen zu machen. Dazu kam die Langeweile der Unthätigkeit, zu der wir verdammt waren, während sonst die Spannung des Augenblicks über so vieles, und vor allem über das Bewußtwerden der wirklich vorhandenen Gefahr hinweg zu helfen pflegte.

Die tief eingeschnittenen Erdgänge verhinderten jeden Ausblick nach vorwärts, dagegen war die Nacht von dem brennenden Schiltigheim, anderseits von den in der Steinthorvorstadt noch immer wütenden Bränden so hell erleuchtet, daß man ohne Anstrengung Gedrucktes lesen konnte, und somit Gelegenheit blieb, sich dem Studium des kleinen Stadtplanes, den jeder Officier erhalten hatte, mit Muße hinzugeben.

Einzelne Mannschaften sah man die Gelegenheit benutzen, offenbar einen letzten Gruß in die Heimat zu schreiben. Ein Gefühl, vor den Leuten nicht schwach zu erscheinen, und die entschieden bei denselben vorhandene weichmütige Stimmung nicht zu verstärken, hielt mich ab, das Gleiche zu thun — wußten die Meinen zuhause doch so wie so, daß ich ihrer, wie in jeder, so auch in der letzten Stunde, gedenken würde. Dagegen hielt ich es für meine Pflicht, und nicht nur um die Leute auf andere Gedanken zu bringen, sondern aus rein militärischen Gründen, die mir unterstellten Mannschaften, soweit es sich aus dem Plane erkennen ließ, über den mutmaßlichen Zustand der zu passirenden Festungswerke und der dahinter liegenden Straßenzüge, sowie das wahrscheinliche Verhalten des Gegners zu belehren.

Von Gruppe zu Gruppe gehend, hatte ich Gelegenheit, den guten Geist, der die Mannschaften beseelte, das Vertrauen, das sie zu ihren Führern hatten, wieder von neuem kennen zu lernen. —

Unterdessen prasselte der Eisenhagel in immer verstärktem Maße gegen die schon wie aus tausend Essen glühende Stadt. Die einzelnen Geschosse waren kaum noch in ihrer Bahn zu verfolgen, in solch ununterbrochenen Schwärmen flogen sie in hohem Bogen über uns hin.

Jetzt — es ging stark auf den Morgen — mußten die Batterieen ihr Ziel geändert haben, denn mit einem Male rasten die Geschosse scheinbar dicht über unsere Köpfe weg. Es war der letzte Act vor dem Sturme! Der Uebergang über den Hauptgraben war fertig! Das Einschießen des hinter der Bresche stehengebliebenen Erdkeiles hatte begonnen.

Trotz der zunehmenden Kühle war es jetzt Zeit, die Mäntel wieder abzulegen, die uns bei dem Ersteigen der Bresche nur hinderlich gewesen wären — für die Mannschaften außerdem eine Beschäftigung, die sie über die Spannung der nächsten halben Stunde besser hinwegbringen würde.

Mit der Uhr in der Hand standen die Officiere an der Spitze ihrer dicht an die Böschung gedrängten Züge.

Noch 15 Minuten trennten uns von dem befohlenen Zeit= punct. Ueber uns wölbte sich, soweit er aus dem aufwirbelnden Pulverdampf zu erkennen war, ein klarer, wolkenloser Himmel, an dessen östlichem Rande die Sonne emporstieg. Für wie viele von uns mochte sie die letzte sein! — auch für Dich vielleicht, der Du hier im Vollgefühl der geschichtlichen Bedeutung der Stunde, mit einem letzten Gedanken an die Lieben daheim, mit klopfendem Herzen den Augenblick des Handelns erwartest!?

Noch fünf Minuten!

Mit halblauter Stimme gebe ich den Befehl, daß alles noch einmal die Sicherung der Gewehre nachsehen und sich dann bereit halten solle, mit dem Moment, wo das Artilleriefeuer aufhöre, im Laufschritt aus der Lünette vorzubrechen.

Noch zwei Minuten! Der Degen ist gezogen, die Spannung aufs höchste gestiegen!

Mit einem Male erstirbt das bis jetzt mit betäubender Heftig= keit geführte Feuer, ein, zwei Geschütze bellen noch nach), dann eine fast beängstigende Stille — aber nur für einen Moment tritt dies für uns in die Erscheinung!

Ein leises Zischen, und im „Marsch=Marsch" stürmen wir durch den von den Pionieren schon vorher geöffneten Kehlverschluß. Gespenstern gleich durcheilen wir den im Nebel und Pulverdampf liegenden, nach dem Glacis der Contregarde 11 führenden Graben= koffer. Der feuchte, durch die Ueberschwemmung weich und nach= giebig gewordene Untergrund verzögert zwar die Schnelle, hält uns aber nicht auf. Ueber die Trümmer des gesprengten Vor= werkes (Contregarde 11) geht es, geführt von Pionier=Unter= officieren, hinunter zu dem über den Hauptgraben führenden Erddamm, an dessen Gangbarmachung, ebenso wie an der gegenüber= liegenden Bresche, bereits Pioniere eifrig mit Spaten und Hacke arbeiteten. Im beschleunigten Tempo, zu zweien nebeneinander, wird der an 30 Meter lange, an der Krone noch sehr schmale, unter den Füßen weichende Damm überschritten. Dann aber heißt es: Halt machen! Die hinter der eingestürzten Eskarpen= mauer aufgeführten Entlastungsgewölbe waren nur zum Teil zer= stört, sodaß die darüber stehen gebliebene Erde ein noch immer nicht zu verachtendes Hindernis bot. Auch hier waren die den Erdgeistern gleich überall auftauchenden Pioniere bereits thätig. Die Leute arbeiteten, daß ihnen der Bast von den Händen ging und der Schweiß, trotz der Kühle des Morgens, in Strömen von den Gesichtern lief, galt es doch, den an Bastion 12 arbeitenden

Kameraden zuvorzukommen und als die ersten den feindlichen Wall zu betreten.

Um die Arbeiten nicht zu hindern, ließ ich meine Leute nicht zu dicht herantreten und, möglichst eng aufgeschlossen, auf der ganzen Länge des Dammes niederknieen, um so unter dem Schutze des dicht über dem weiten Wasserspiegel lagernden Nebels, einem etwanigen feindlichen Späherauge entzogen zu sein.

Ein tausend Glück für uns, daß der Feind, wahrscheinlich er- schöpft von der Anstrengung der letzten Nächte und in dem Ge- fühl, vor dem 30. keinen Angriff zu gewärtigen zu haben, sich der völligsten Unaufmerksamkeit und Sorglosigkeit hingab. Ein einziger Shrapnelschuß aus den von den nächsten Werken drohend auf uns gerichteten Flankengeschützen hätte meinen halben Zug vernichten müssen.

Bange Minuten verstrichen. Von meinen Leuten hatten, so viele Platz finden konnten, zu Hacke und Schippe gegriffen und arbeiteten mit den Pionieren um die Wette, die Bresche gangbar zu machen. Endlich gelang es den vereinten Anstrengungen, einen größeren Keil Erde zum Einsturz zu bringen, sodaß es unter Benützung der noch stehen gebliebenen Gewölbeträger für einen Einzelnen möglich schien, die Höhe des Walles zu ersteigen.

Mit Hilfe einiger Leute der Compagnie, über deren Schultern hinweg mit Händen und Füßen mich an dem noch vorhandenen Mauerwerk anklammernd, gelang es mir, festen Fuß auf den Resten der Mauerkrone zu fassen. Noch ein paar atemlose Sprünge, und ich befand mich auf der Höhe der Brustwehr.

Mein erster Blick überzeugte mich von der völligen Verlassen- heit des Bastions, denn nichts regte sich im Innern des Werkes; mein zweiter Blick flog nach links, nach Bastion 12, wo die Têten- compagnie des Brigaderegiments einbrechen sollte. Noch war nichts zu sehen, während am Fuße der dortigen Bresche, ebenso wie bei uns, eifrigst gearbeitet wurde und die in den Laufgräben aufge- stellten Sturmcolonnen deutlich zu erkennen waren.

Ein stolzes, unsagbares Gefühl schwellte mir die Brust! Ich war der Erste auf dem Walle! Trotz des Verbotes, welches jetzt doch keinen Wert mehr hatte, jauchzte ich ein dreifaches Hurrah! in die Luft, das von meinen Leuten, die inzwischen zu mehreren den Wall erstiegen hatten, aufgenommen wurde und ein weithin schallendes Echo fand.

Nun galt es vor allem, sich des Werkes selbst zu versichern und einen etwaigen Gegenstoß des Feindes abzuwehren.

Ueber den von Granaten zerpflügten, durch Bomben in tiefe Löcher zerrissenen Boden, vorbei an umgestürzten Geschützen, zer- schossenen Lafetten, eilte ich mit der zunächst gesammelten Handvoll

Leute nach der stadtseits gelegenen offenen Kehle des Baftions. Ein kurzer Blick in die rechts und links gelegenen, dem Einsturz nahen Hohltraversen genügte, um mich von dem absoluten Fehlen jeder Besatzung zu überzeugen.

Doch kaum waren wir an der Kehle des Werkes angelangt, während von links ein brausender Hurrahruf auch das Ersteigen des Nachbarbaftions verkündete, als wir aus nächster Nähe von einer allerdings nur geringen Anzahl wie aus dem Boden auf= tauchender franzöfischer Infanteriften mit einem lebhaften, aber glücklicherweise schlecht gezielten Feuer begrüßt wurden.

Das von meinen Leuten sofort abgegebene Schnellfeuer schien auch keine andere Wirkung zu haben, als unferen Gegner ebenso rasch, wie er erschienen war, und zwar in der Richtung nach der Finkmattcaferne, verschwinden zu machen.

Während ich mit meinem nun vollständig gesammelten Zuge die befohlene Richtung nach halb rechts einschlug, schien auch die Stadt aus ihrer schier unbegreiflichen Lethargie zu erwachen.

Von allen Türmen heulten die Glocken, deutlich, wie nur sonst in der heimischen Garnison, hörte man das Schlagen des Generalmarsches, die theatralisch herausfordernden Töne der fran= zöfischen Trompeten — dazwischen krachten bereits die Salven der rechts hinter uns längs des Walles vordringenden anderen Com= pagnieen des Regiments, die den völlig überraschten Feind aus seinen an der Rückseite des Walles gegrabenen Erdlöchern aufge= scheucht und nun vor sich her trieben. In immer neuen Scharen quollen unfere Truppen aus den schmalen, mit Engpässen zu ver= gleichenden Baftionskehlen hervor, ohne daß bis jetzt vom Feinde ein nennenswerter Widerstand geleistet worden wäre.

Auch wir im besonderen hatten außer einigen offenbar ver= sprengten Infanteriften, die im Zurücklaufen ihre Gewehre ab= feuerten, um dann in dem rauchenden und glühenden Chaos, das dieser Teil der Stadt bildete, schemenhaft zu verschwinden, keinen Feind vor uns.

Von höchster Wichtigkeit war es, den uns zugewiesenen Ab= schnitt am „falschen" (ehemaligen) Wallcanal möglichst frühzeitig zu erreichen, um einem etwanigen Vorbrechen stärkerer feindlicher Abteilungen über die beiden dort gelegenen Brücken zu wehren.

Trotz der Verheerung, die unfere Artillerie in diesem Teile der Stadt angerichtet hatte, die so bedeutend war, daß sich die einzelnen Straßenzüge nicht mehr erkennen ließen, war für uns ein Abirren von der befohlenen Richtung nicht gut möglich, sobald wir nur den zum Bahnhof führenden Schienenstrang erreicht hatten, der den sichersten Faden aus diesem Labyrinth gewährte. Und richtig! — nur wenige hundert Meter nach rechts, im Laufschritt zurückgelegt, brachten uns das sichere Zeichen, daß wir uns auf dem rechten Wege befanden.

Die kaum nennenswerten Verluste, die wir bis jetzt erlitten; die mit jedem Schritte sich steigernde Sicherheit des Erfolges; das Bewußtsein, unser Ziel binnen kurzem erreicht zu haben, gaben uns Flügel. Unaufhaltsam eilten wir vorwärts, teils auf dem breiten Geleise selbst, teils zu beiden Seiten desselben, während kaum 150 Meter hinter uns die beiden anderen Züge der Compagnie unter Führung des Hauptmanns folgten.

Da krachten uns, unseren Siegeslauf jäh unterbrechend, von dem Bahnhofsgebäude Salve auf Salve entgegen. Einige Leute stürzten, der Rest suchte Deckung so gut es ging, um von da das in ein wirres Schnellfeuer ausartende feindliche Feuer zu erwidern. Als jedoch die beiden hinteren Züge in gleiche Höhe mit uns gekommen waren, und nun rechts und links schwenkend das Bahnhofsgebäude von den beiden Flanken umfaßten, erlahmte auch der Widerstand des Feindes, sodaß wir beim ersten Anlauf in das Gebäude eindrangen, welches die Besatzung in fluchtartiger Eile, durch die stadtwärts gelegenen Ausgänge verließ, um nach wenigen Schritten, wie vom Boden verschlungen, in dem Wallgraben vor unseren Augen zu verschwinden. —

Zunächst galt es, die bei dem letzten atemlosen Anlauf etwas durcheinander gekommenen Züge der Compagnie wieder zu ordnen. Der errungene Erfolg war mit nicht allzu großen Opfern erkauft, während andererseits das massiv aufgeführte Gebäude nicht nur momentanen Schutz, sondern auch einen vortrefflichen Stützpunct für eine etwa notwendig werdende fernere Belagerung abgegeben haben würde. Unter Leitung des umsichtigen Compagniechefs wurde sofort begonnen, alle dem Feinde zugekehrten Ausgänge zu verbarrikadiren, während Patrouillen nach rechts und links ausgeschickt wurden, um die Verbindung mit den Nachbarcompagnieen wieder aufzunehmen.

Gedeckt durch einige von Granaten arg mitgenommene Eisenbahnwagen und umherliegende Mauertrümmer, hatte ich je einen halben Zug den beiden Brücken gegenüber aufgestellt, um dem jeden Augenblick zu gewärtigenden Vorstoß des Feindes entgegentreten zu können. Als ich nun mit dieser nächsten und wichtigsten Aufgabe zu Ende, meine Blicke etwas schärfer über den breiten Wasserlauf nach der gegenüberliegenden Häuserreihe schweifen ließ, die den Gerüchten zufolge in eine zweite festungsartige Umwallung umgeschaffen sein sollte, wie erstaunte ich da, als ich von all den erwarteten Verteidigungsmaßregeln auch keine Spur zu entdecken vermochte. Die Häuser machten, abgesehen von einigen Lücken, die das Feuer und unsere Geschosse gerissen, einen verhältnismäßig

gut erhaltenen, ja beinahe friedlich=wohnlichen Eindruck; vor allem
von einer Sperrung der Brücken durch Barrikaden, weder hüben
noch drüben, kein leisester Anfang!

Wie ein Blitz durchfuhr mich der Gedanke, daß hier die Vor=
aussetzung für das Ueberschreiten des ersten Auftrages gegeben sei.
Zudem schienen sich besonders die gegenüberliegenden Eckhäuser
sehr wohl zur Verteidigung zu eignen!

Rasch entschlossen nahm ich den mir zunächst stehenden Halb=
zug und eilte, ohne dem Compagniechef noch vorher Meldung zu
machen, mit geschwungenem Degen meinen Leuten voran, über
die erste Brücke. Ungefähr auf der Mitte des Defilés angelangt,
sehe ich gegenüber von einem freien Platz her im Laufschritt eine
stärkere französische Infanteriecolonne herbeieilen.

Meine kaum 30 Mann starke Abteilung war zu schwach,
einem solchen Anprall zu widerstehen, und außerdem dem feind=
lichen Feuer ohne jede Deckung preisgegeben. Schon hörte ich
deutlich die Commandos der französischen Officiere. Mein Fuß stockt
— auch meine Leute haben die Gefahr erkannt, und sich zum Teil,
rückwärts laufend, derselben zu entziehen gesucht —, noch zaudere
ich einen Moment, diesem Beispiele zu folgen — da bebt der
Boden unter meinen Füßen, ich fühle, wie ich in die Höhe gehoben
werde, dann ein furchtbarer Krach und — — — — — ich er=
wache — ein sonniger Herbstmorgen lacht durch die Fenster,
während die letzten Rauchwolken einer dicht neben unserer Villa
crepirten Granate sich im Morgenwind verflüchtigen! — — —

Da wir einen Ruhetag vor uns hatten und ich außerdem der
freundlichen Aufforderung des Pfarrers in Auenheim, an welchen
ich durch einen nahen Verwandten — „für alle Fälle" — em=
pfohlen worden war, gerne einmal Folge geleistet hätte, so erbot
ich mich, die Postsachen für die Heimat, die behufs rascherer Be=
förderung zuweilen nach Kork gebracht zu werden pflegten, heute
selbst dort abzugeben.

Da mir der Bataillonscommandeur ohne weiteres den Urlaub
bewilligte, und außerdem eines seiner Pferde zur Verfügung stellte,
machte ich mich wohlgemut in Begleitung einer ebenfalls berittenen
Ordonnanz, welche die Postsachen trug, auf den Weg.

Auf bekannten Pfaden erreichte ich die Auenheim gegenüber
befindliche Fähre, setzte über den Rhein und betrat seit Wochen
zum ersten Mal wieder heimatlichen Boden. Wie anders ließ sich
hier alles an! Zwar tönte noch laut und vernehmlich der Donner
der Geschütze bis hierher, allein alles machte doch einen so fried=
lichen, von den Drangsalen des Krieges unberührten Eindruck, daß
man sich wie in eine andere Welt versetzt zu sein glaubte.

Die Arbeiter auf den Feldern, die begegnenden Landleute

7

begrüßten freundlich die bekannte Uniform und gaben willig auf die Fragen nach Weg und Steg, nach Wohnung und Sonstigem Bescheid; alles Dinge, die uns lange nicht mehr geboten worden waren.

Am Pfarrhause angelangt, traf ich nur die Frau Pfarrer, die mich nach Nennung meines Namens sehr freundlich aufnahm, und gleichzeitig für den Rückweg zum Essen einlud.

Nach Abgabe der Postsachen in Kork stellte ich mich um die schickliche Stunde im Pfarrhause ein, wo ich außer einigen dort im Quartier liegenden badischen Officieren noch einen älteren pensionirten Officier mit seiner Tochter zum Besuche vorfand.

Welcher Unterschied! Heute zum ersten Male wieder seit langen Wochen, nicht nur an einem Familientisch, in Frieden atmender Umgebung, sondern auch in Gesellschaft gebildeter Damen in anregender Unterhaltung, während wir gestern noch um dieselbe Stunde, mitten im Graus der Verwüstung, dem Feinde fast das Weiße im Auge gezeigt hatten!

Gegen vier Uhr nahm ich Abschied von dem gastlichen Pfarr= hause, und ritt, von zwei badischen Kameraden begleitet, nach unserem Heim in der Ruprechtsau zurück, wo ich im Garten unserer Villa die Regimentsmusik, sowie den größeren Teil des Officier= corps antraf, in dessen Gesellschaft auch der Rest des Abends rasch und angenehm verflog.

Der 24. September begann mit einem Morgenritt, zu dem mich der Compagniechef aufgefordert hatte; dann folgte, ebenso wie nachmittags, kleiner Dienst in der Compagnie, wie Gewehre= nachsehen, Griffe üben, genau wie in der Garnison, nur mit etwas veränderter Staffage.

Am folgenden Tage — Sonntag den 25. September — fand zuerst Gottesdienst statt, und dann ritt ich in Gesellschaft des Compagniechefs nach Bischheim, um einen dort im Lazareth liegenden, uns aus den ersten Tagen der Belagerung bekannten badischen Officier, der in der Nacht vom 21. zum 22. September im Couronnement schwer contusionirt worden war, zu besuchen.

Wir nahmen den gewöhnlichen Weg an der Papierfabrik vorbei, wo auf der gegenüberliegenden Wiese das zusammen= getriebene Schlachtvieh eingehegt weidete.

Hier hatte in der letzten Nacht eine französische Granate den wachthabenden Gefreiten in der Hütte getötet, und eine solche Panik unter dem Heerdenvieh verursacht, daß ein Teil desselben die Hürden durchbrochen hatte und sich noch als „wild" in dem benachbarten Gelände umhertrieb.

In Bischheim trafen wir unseren Bekannten zwar wieder bei Besinnung, aber in einem solchen Zustande der Nervendepression, wie man es bei dem thatkräftigen, unternehmungslustigen Officier nicht für möglich gehalten hätte. Glücklicherweise machte die Wieder=herstellung desselben so rasche Fortschritte, daß wir schon wenige Tage später den fast völlig Genesenden in Straßburg selbst begrüßen konnten.

Den Eindruck, den das Lazareth mit seinen meist Schwerver=wundeten auf uns gemacht, zu schildern, möchte ich mir ersparen. Der Geruch der Verbandmittel, der Anblick der bleich und beweg=ungslos, das Gesicht zum Schutz gegen die Fliegen mit einem leichten Florschleier bedeckt, daliegenden Dulder; das leise Gehen und Hantiren der Aerzte und dienenden Schwestern; kurz die ganze Atmosphäre hatte etwas so Herzbeklemmendes, daß wir — auch schon aus Rücksicht für den Zustand unseres Kameraden — unseren Besuch möglichst abkürzten, und wie befreit aufatmeten, als uns draußen wieder der laue Herbstwind um die Stirne strich.

Nach Hause zurückgekehrt, fanden wir den Befehl vor, daß für die Nacht jede Compagnie zwei Officiere und hundert Mann zum Trancheedienst zu stellen habe. Da ich jedoch schon früher einmal für einen erkrankten Kameraden eingetreten war, fiel ich dieses Mal aus. Trotzdem sollte ich keinen ruhigen Abend haben, da ich um 7 1/2 Uhr direct vom Regiment den Auftrag erhielt, mit zwei Begleitmannschaften von der „Vier Säulenbrücke" ab bis zum Rhein zu patrouilliren, um auf etwanige Signale zu achten, die von den umliegenden Ortschaften noch immer mit der Festung gewechselt werden sollten.

Die Zeit des Patrouillenganges war mir von Anbruch der Dunkelheit ab bis Mitternacht freigestellt, während das ganze Commando für die nächsten acht Tage in Kraft bleiben sollte.

Da es bereits völlig finster war, machte ich mich, nachdem ich mir zwei zuverlässige Leute meines Zuges ausgewählt, sofort nach dem Abendbrot auf den Weg.

An der „Vier Säulenbrücke", aber diesseits des Canals, lag die Feldwache eines pommerschen Landwehrregiments, welche, sozu=sagen, den rechten Flügel des mir zugewiesenen Wirkungskreises bildete. Hier fand ich bei dem wachthabenden Officier die gastfreieste Aufnahme, die sich bis auf meine Leute erstreckte, und da ich nichts zu versäumen hatte, verging ein halbes Stündchen rasch in der liebenswürdigen Gesellschaft.

Die Posten, meist Stock=Polen, standen gedeckt hinter der Chaussee bis „Zur Schönen Aussicht", wo eine zweite Feldwache ihr Hauptquartier aufgeschlagen hatte.

Da die jenseits des Rhein=Ill=Canals liegende Orangerie seit Wochen von uns besetzt war, und besonders zur Nachtzeit die Patrouillen von dort, und vom Kloster „Zum Guten Hirten" bis an den Fuß der Glacis vorzugehen pflegten, endlich auch die Spореninsel in unseren Händen war, so zögerte ich keinen Augenblick, meinen Weg der Chaussee entlang zu nehmen, zumal mir auch nur von da aus ein Ueberblick auf die etwa in Betracht kommenden Häuser und Baulichkeiten möglich war.

Im Gefühl der vollkommensten Sicherheit hatten wir die zweite Feldwache an der „Schönen Aussicht" passirt, und uns einige hundert Schritte weiter nach dem Rhein zu bewegt, als wir plötzlich hinter einem Baum her mit: „Halt! Werda!", dem ein sofortiges Fertigmachen des Gewehres folgte — wie ich aus dem Einspringen des Schlößchens deutlich zu vernehmen vermochte —, angerufen wurden.

„Preußischer Officier mit zwei Mann auf Patrouille", war meine Antwort und dann: „Ziehen Sie einmal sofort wieder das Schlößchen heraus!"

„Du Panje Lieutenant, Chaussee herunter gehen, oder ich schieße."

„Sind Sie verrückt? Sie hören doch an der Sprache, daß wir Deutsche sind."

„Ich schieße auf alles, was Chaussee kommt."

Der Mann war imstande, seinen Worten die Ausführung folgen zu lassen! Um aber beim Näherkommen eine Uebereilung und damit ein Unglück zu verhüten, sagte ich, nachdem ich meine Leute, die sich über den „dummen Polacken" lustig machen und seinem Befehl eigentlich nicht Folge leisten wollten, zurechtgewiesen — :

„Gut, wir gehen von der Chaussee herunter und kommen auf Dich zu, daß Du Dich aber nicht unterstehst, dann noch zu schießen!"

„Nein, ich schieße nur was Chaussee kommt", war die wiederholt, aber in ganz gutmütigem Tone abgegebene Antwort.

Und so war es auch; von dem Chausseedamm heruntergetreten, konnten wir uns ganz harmlos dem Posten nähern, der dann auch beim Erkennen meiner Uniform das vorschriftsmäßige Honneur in so tadelloser Weise ausführte, daß es mich mit dem Manne wieder aussöhnte.

Von Losung und Feldgeschrei, die uns hätten abgefordert werden müssen, hatte der Posten keine Ahnung, ihm hatten seine Vorgesetzten gesagt, „daß er alles, was auf der Chaussee käme, anrufen und eventuell beschießen solle" — und danach handelte er!

Als ich mich auf der Rückkehr von der bis zur Mündung des kleinen Rheins in den Hauptstrom ausgedehnten — übrigens ergebnislosen — Patrouille bei dem Commandeur der Feldwache über diese mangelhafte — für uns im besonderen Falle nicht ganz ungefährliche — Instruktion beschwerte, meinte derselbe lachend: „Losung und Feldgeschrei würde bei ihnen überhaupt nicht aus= gegeben, die Kerls vergäßen beides doch wieder sofort!" —

Es ging stark auf Mitternacht, als ich in unserem Quartier wieder ankam und den noch bei einer Partie Whist sitzenden In= sassen des Hauses mein Abenteuer mitteilen konnte. Da der Weinpunsch sehr gut und einer der Spieler zur Ruhe gehen wollte, beteiligte ich mich — in Anbetracht des morgigen Ruhe= tages — noch an einer neuen Partie, die so ausgiebig war, daß wir noch saßen, als die auf Arbeitscommando am Abend ausge= rückten Kameraden um vier Uhr morgens aus der Tranchee zurückkehrten.

Der 26. September fing dem entsprechend spät an und ver= lief ohne besonderes Erlebniß, mit Reiten, Compagniedienst und abendlicher Signalpatrouille, deren Resultate jedoch wieder rein negativer Art waren und sich nicht einmal zu einem kleinen per= sönlichen Abenteuer, wie das Tags zuvor gehabte, verdich= teten. —

Da der Regimentscommandeur erst bei Ausbruch des Krieges das Regiment übernommen hatte, so kannte derselbe die einzelnen Compagnieen noch nicht nach ihren Friedensleistungen. In der Voraussicht einer demnächstigen Besichtigung und auch schon um sich die Leute nicht ganz aus der Hand gehen zu lassen, wurde fleißig in der Compagnie gedrillt.

Unter dem Donner der Kanonen wurde einzelexercirt, dann die Sektionen, die Züge, schließlich die Compagnie zusammengestellt und Schule exercirt, ganz in derselben Weise und mit derselben Anspannung, wie auf den gewohnten Uebungsplätzen der Gar= nison. Das Einzige, was trotz alledem — natürlich abgesehen von der Umgebung — an den Ausnahmezustand, in dem wir uns befanden, erinnerte, war trotz des tadellosen Putzzustandes aller Metallteile der mehr als fragwürdige Zustand der sonstigen Bekleidungsstücke. Das Rot der Kragen und Aufschläge hatte einen bedenklichen Stich ins Generalstabsrote erhalten, und das Tuch der Waffenröcke, besonders bei den Mannschaften, welche sich an der Mordbrennerei des 6. September beteiligt hatten, zeigte die Spuren jener Nacht noch in solch unverwüstlicher Weise, daß die Hoffnung auf ein Besserwerden endgiltig hatte aufgegeben werden müssen.

Doch à la guerre comme à la guerre! Diese Flecken waren Ehrenzeichen, und der Regimentscommandeur auch nicht der Mann, darüber ein tadelndes Wort zu verlieren.

Es sollte jedoch zu der schon bis auf die Stunde bestimmten Besichtigung nicht mehr kommen; dagegen sollten wir unsere

parademäßig in den Stand gesetzte Adjustirung bei einer Gelegen=
heit tragen, wie sie würdiger kaum gedacht werden kann.

Gegen 5 Uhr nachmittags hatten sich der Compagniechef,
einer der Compagnieofficiere und ich durch das südliche Garten=
pförtchen unserer Villa zu einem kleinen Spaziergang in die Felder
auf den Weg gemacht.

Wir waren, ohne daß uns irgend etwas aufgefallen wäre,
bis in die Nähe des Rhein=Jll=Canals gekommen, als ein am
Rande des Weges arbeitender Bauer uns plötzlich mit den Worten
ansprach:

„Man sagt, die Stadt sei übergeben, am Turm hängt ein
weißer Lappen; es schießt auch nicht mehr!"

Ungläubig starrten wir den Sprecher an, als ob wir unseren
Ohren nicht trauen dürften, und richtig, ein Blick auf den etwas
durch die Bäume verdeckten Turm des Münsters ließ uns deutlich
eine weiße Flagge, scheinbar kaum einen halben Meter im Geviert,
erkennen und jetzt aufmerksam gemacht, kam auch das Gehör zum
Bewußtsein, daß der Kanonendonner wohl schon längere Zeit ge=
schwiegen, während das Ohr das seit Wochen ohne Unterbrechung
gehörte Geräusch noch immer zu vernehmen glaubte.

Stumm, wortlos gaben wir uns die Hände, die Weihe dieses
Augenblicks bedurfte keiner lauten Gefühlsäußerungen! Es war
einer jener Momente, wie sie im Menschenleben nicht oft vor=
kommen, und deren Erinnerung noch nach Jahrzehnten im Herzen
nachzuzittern bestimmt ist.

Wie ein Aufatmen nach gewaltiger Anstrengung kam es über
uns, und mit beschwingter Sohle eilten wir heimwärts, den eben
erst verlassenen Kameraden die beglückende Kunde zu übermitteln.
Dorthin war jedoch das Gerücht auch bereits gedrungen. Mit
lautem Jubel begrüßten uns Kameraden und Mannschaften, deren
jeder in gleicher Weise auf Einzelheiten brannte.

Nur so viel war bekannt, daß die Uebergabe auf freier Ent=
schließung des Commandanten beruhte, und nicht das Ergebnis
eines Gewaltactes sein könne, zu dem man sicherlich auf unsere
Mitwirkung nicht verzichtet haben würde.

Auch im Regimentsstabsquartier, wo sich das Officiercorps
ohne besondere Aufforderung fast vollzählig eingefunden hatte,
wußte man nichts Näheres.

Ein Zweifel war trotzdem nicht möglich. Das Zeichen des
Friedens von der Höhe des Münsters; das Schweigen der Ge=
schütze, das wir beinahe peinlich auf die Nerven fallend empfanden,
waren zu untrügliche Merkmale, um auch den größten Pessimisten
zu überzeugen, daß wir an einem welthistorischen Abschnitte an=
gelangt seien!

Es wurde spät abends — wir saßen selbstverständlich bei einer der Feier des Augenblicks entsprechenden Bowle —, als die erste dienstliche Mitteilung im Bataillonsstabsquartier anlangte, daß Capitulationsverhandlungen im Gange seien, und daß sich die Adjutanten in Hönheim sofort einzufinden hätten.

Zur rascheren Ueberbringung näherer Einzelheiten erbot ich mich — es war inzwischen 11½ Uhr geworden —, den zum Befehlsempfang reitenden Adjutanten zu begleiten.

Einen genußreicheren Ritt habe ich im Leben kaum gemacht. Gehoben von dem Gefühl eines Erfolges, der auch in der Heimat bei Millionen von Herzen den lebhaftesten Widerhall finden mußte, in der freudigen Erwartung, ja Spannung, die so lange stürmisch umworbene Veste voraussichtlich morgen schon betreten zu dürfen, endlich die Aussicht auf einen sich noch für uns eröffnenden frischen fröhlichen Bewegungskrieg, alles dieses wirkte so befreiend und erhebend auf die Stimmung, daß das Bewußtsein, diese Stunden erlebt und mit empfunden zu haben, wohl wert war, überhaupt gelebt zu haben.

In Hönheim fanden wir die Adjutanten fast sämtlicher Truppenteile des Belagerungscorps bereits versammelt. Doch war auch hier noch nichts Weiteres bekannt, als daß Capitulations= verhandlungen in Königshofen stattfänden und daß es voraus= sichtlich spät, das heißt früh morgens werden würde, bis die ent= sprechenden Befehle ausgegeben werden könnten.

Unter diesen Umständen, da meine Anwesenheit nach keiner Richtung von Nutzen sein konnte, beschloß ich, mein einstweilen in einen benachbarten Wirtsstall untergebrachtes Rößlein wieder zu besteigen und heimwärts zu traben. —

Der Weg durch die Dorfgassen, die sich von Gruppen auf= geregt redender Einwohner belebt und durch die fast ausnahmslos erleuchteten Fenster erhellt zeigten, war ohne besondere Mühe zu passiren. Kaum war ich jedoch ins Freie gelangt, wo jede Spur von Beleuchtung aufhörte, als auch mein Schlachtroß, daß vorher in Begleitung des Adjutantenpferdes willig dieselbe Strecke bei der gleichen Finsternis zurückgelegt, seiner Abneigung gegen Dunkel= heit und Alleinsein in so unzweideutiger Weise Ausdruck gab, daß es von meiner Seite der energischsten Mittel bedurfte, das Tier zum Gehorsam zu zwingen. In langen Galoppsprüngen überwand es endlich sein Grauen vor der uns umgebenden kimmerischen Nacht und stürmte nun, nachdem der erste Schrecken überwunden und die Erinnerung an den gewohnten Stall wieder in ihm aufgestiegen sein mochte, in einem solchen Tempo los, daß ich mich in kürzester Zeit in der Nähe der Pontonbrücke über die Ill befand, deren Bewachung — ein Doppelposten polnisch=pommerscher

Wehrmänner — uns schon vorher wie Feinde, d. h. mit fertig gemachtem Gewehr, außer dem vorschriftsmäßigen Anrufen, empfangen hatte.

Die Lage war kritisch! Raste ich in diesem Tempo, wie der wilde Jäger über die an und für sich nur im Schritt zu passirende und wegen ihres Bretterbelages glatte und halsbrecherische Brücke, dann war mir, außer dieser erst in zweiter Linie erscheinenden Gefahr, ein vielleicht verhängnisvoller Gruß aus befreundeter Waffe ziemlich sicher.

Schon sah ich die in ihren Mänteln wie Ungetüme durch das Dunkel der Nacht gegen den helleren Streifen des Wassers sich abhebenden Posten; noch ein paar Galoppsprünge und der Ruf: „Halt! Werda?" tönte in mein Ohr, während der anrufende Wehrmann das Gewehr von der Schulter riß!

Da gelang es mir, nur noch wenige Schritte von der Brücke entfernt das Pferd zum Stehen zu bringen und mich als preußischen Officier erkennen zu geben.

Als ich auf meine Frage nach dem Truppenteil die in gebrochenem Deutsch .erteilte Antwort „Landwehrbataillon X X" erhielt, unterdrückte ich — nach den Erfahrungen der vorjüngsten Nacht — die weitere nach dem etwa fertig gemachten Gewehr. Was ich jedoch den biederen Wehrmännern zugerufen, ist wohl alles eher als ein Segenswunsch gewesen! —

In unserer Villa, wo ich gegen 1 Uhr morgens ankam, fand ich noch alles meiner wartend, doch gab mein Kommen das Zeichen zum allgemeinen Aufbruch, da voraussichtlich ein anstrengungsreicher Tag vor uns lag.

Die in Königshofen in einem, im Eisenbahneinschnitt unter der Chausseebrücke aufgestellten, Zelt geführten Capitulationsverhandlungen waren erst am 28. September morgens 2 Uhr zum Abschluß gekommen. Da die Bevollmächtigten erst gegen 3 Uhr nach Mundolsheim, bezw. nach Straßburg zurückgekehrt waren, so blieben für die zur Ausführung der Capitulation erforderlichen Maßregeln nur wenige Stunden übrig. Es wurde daher verhältnismäßig spät, bis die Adjutanten den Specialbefehl für die Bataillone überbrachten.

Die Stadt hatte sich mit einer Besatzung von
451 Officieren,
17 111 Mann, ohne die seßhafte Nationalgarde und
1 843 Pferden
auf Gnade und Ungnade übergeben. Trotzdem erfolgte der Abschluß im wesentlichen unter den Bedingungen der Capitulation von Sedan.

Zur vorläufigen Besetzung der Thore, um 8 Uhr vormittags,

nämlich des Fischer=, National= (Weißturm=) und Austerlitz=
(Metzger=)Thores, waren je eine, bezw. zwei Compagnieen der zu=
nächst gegenüber stehenden Truppen bestimmt.

Zur Besetzung der Festung sollte um 11 Uhr, nachdem die
Citadelle durch eines der Kehler Bataillone in Besitz genommen
worden war, je ein Infanterieregiment, welchen Pionierdetachements
sowie eine Abteilung Feld= und Fußartillerie beigegeben waren,
durch die oben genannten Thore einrücken.

Zum Einmarsch durch das Fischerthor war unser Regiment
bestimmt. —

Nicht ohne Bedauern trennten wir uns, nachdem der kleine
Koffer das wenige Gepäck wieder in sich aufgenommen, von den
uns vertraut gewordenen Räumen. Von der alten Schaffnerin
des Hauses verabschiedeten wir uns wie aus befreundetem, gast=
lichem Hause mit beschwertem, freundschaftlichem Händedruck unter
besten Wünschen für künftiges Wohlergehen. Das „Dienerle"
dagegen, daß mit seinem stereotypen „vous n'aurez jamais la ville,
jamais, jamais!" so schnöde ins Unrecht gesetzt worden war, und
sich kaum durch die Thatsache überzeugen lassen wollte, daß wir
doch einmarschirten, war ziemlich unwirsch und ungenießbar, sodaß
dieser Abschied wesentlich abgekürzt wurde.

Um 10¹/₂ Uhr sammelten sich die Bataillone im vollen
Schmuck der, seit dem 18. August abgelegten, in aller Frühe
wieder ausgegebenen Helme, in der Orangerie, nachdem die Barri=
kade an der vier Säulenbrücke durch Arbeiter weggeräumt worden war.

Nach einer kurzen Ansprache des Regimentscommandeurs,
welche die Bedeutung des Tages für uns und ganz Deutschland
hervorhob, und mit einem jubelnd aufgenommenen „Hoch" auf
den obersten Kriegsherrn schloß, wurde der Weg mit entrollten
Fahnen stadtwärts aufgenommen.

Vorher schon waren auf die Meldung der das Fischerthor
besetzt haltenden Landwehrcompagnie, daß der Pöbel sich anschicke,
das Arsenal und die Casernen zu stürmen, die beiden ersten Com=
pagnieen des Regiments in beschleunigter Gangart, zum Schutze
des gefährdeten, durch die Capitulation deutsch gewordenen Staats=
eigentums, sofort in Marsch gesetzt worden. Bei dem Einrücken
derselben zerstoben zwar die Plünderer sofort, nachdem sie freilich
im Proviantamt, in der Nicolaucaserne, im Kuppelhof — der
provisorischen Caserne des 16. Artillerieregiments — und in der
Austerlitzcaserne bereits übel gehaust hatten.*) —

Wie eigen berührte es, dieselben Strecken und Oertlichkeiten
jetzt am hellen Tage, auf offener Landstraße zu durchwandern, die

---

*) Wagner: Belagerung von Straßburg.

man vorher nur unter dem Schutze der Nacht, oder unter An=
wendung aller Vorsichtsmaßregeln zu beschleichen gewohnt war.
Wie ganz anders sah vieles jetzt aus, was in der Dunkelheit, oder
aus der Entfernung gesehen, oft die wunderbarsten Formen an=
genommen hatte.

Die mächtigen Plantanen längst der Fischer= (Ruprechtsauer=)
Allee waren von der Stadt ab bis in die Höhe der „Löwenburg"
niedergelegt und quer über den Weg gestürzt worden, um die
Straße für größere Abteilungen ungangbar zu machen. Jetzt
waren freilich alle diese Riesen säuberlich auf die Seite gebracht,
sodaß wir in Halbzugsbreite ungehindert unseren Vormarsch fort=
setzen konnten.

Die Häuser rechts und links von der Straße wiesen schon
mannigfache Spuren von Beschädigungen auf, ein Zustand, der
uns aus Schiltigheim und Bischheim zu vertraut war, um unsere
Aufmerksamkeit lange zu fesseln. Ganz besonders übel war dagegen
den Gaslaternen mitgespielt worden, die in den bizarrsten Stellungen
den Weg schmückten; ob hier lediglich der Zufall oder auch Mut=
wille und Zerstörungssucht ihre Rolle gespielt, ließ sich nicht mehr
feststellen.

Mit dem Glockenschlage 11 Uhr, am 28. September 1870,
erfolgte der Einmarsch des Regiments unter klingendem Spiel mit
fliegenden Fahnen durch das Fischerthor!

Das Bild der Verwüstung, welches sich uns gleich nach dem
Eintritt in die eigentliche Stadt bot, überstieg alle Erwartungen
und ging jedenfalls weit über das hinaus, was wir bis jetzt
braußen zu sehen gewohnt gewesen waren.

An den ersten Häusern des Fischerstadens waren die Front=
mauern von oben bis unten derartig zerstört, daß sich alle Zimmer
dem Blick öffneten, und man an dem teilweise ganz unberührten
Inhalte derselben erkennen konnte, daß sie von den Bewohnern
Hals über Kopf in eiligster Flucht geräumt worden sein mußten.
Diese, der eigentlichen Angriffsfront abgekehrten Häusern waren
den zu weit gegangenen, für die am linken Ill=Ufer — unterhalb
der Königsbrücke — gelegenen Schleusen Nr. 162 und 161 be=
stimmten Granaten zum Opfer gefallen.

Die Decken zwischen den einzelnen Stockwerken waren teil=
weise der unterstützenden Wände beraubt, sodaß die Gebäude dem
Einsturz nahe in bedenklicher Weise über die Straße hingen.
Weiterhin machten sich die Spuren der Beschießung nur ver=
hältnismäßig schwach bemerkbar. Die Fenster auf beiden Seiten
des Stadens waren dicht besetzt, die Läden jedoch meist halb=
geschlossen. Um bei aller Neugier doch der Trauer über das
Unglück der Stadt einigermaßen gerecht zu werden, trugen die

Damen, soweit es sich erkennen ließ, faßt ausnahmslos schwarze
Kleider. Farbenbunter wurde der Anblick erst, als wir, dem Schiffleut=
staben folgend, das Schloß (Bibliothek), welches offenbar als
Lazareth gedient hatte, passirten. Aus allen Fenstern wie von dem
altanartigen Hof aus leuchteten die grellen Farben der französischen
Uniformen, deren Träger, oft noch an Krücken oder mit Spuren
sonstiger Verletzungen, neugierig unseren Einmarsch beobachteten.
Dieser war bis zur Höhe der Rabenbrücke ohne sonderliches
Hinderniß von statten gegangen, obgleich sich die Bevölkerung in
dichten Massen, untermischt mit einzelnen französischen Soldaten,
auf den schmalen Bürgersteigen drängte. Hier aber kreuzte sich
unser Marsch mit der völlig aufgelösten Queue der französischen
Truppen, welche in einer jeder Disciplin spottenden Verfassung
— taub gegen die Befehle einzelner Officiere, die sich vor dem
ernst und schweigend mit Gewehr bei Fuß dastehenden Sieger
schämen mochten und wenigstens einigermaßen Ordnung zu schaffen
versuchten — betrunken und lärmend ihren Weg nach dem
National= (Weißturm=) thor verfolgten.

Das Regiment war zu längerem Halt gezwungen, und so
stummer Zeuge der wenig würdigen Haltung eines Feindes, dessen
bis dahin bewiesene Widerstandskraft auf einen besseren inneren
Halt hätte schließen lassen dürfen.

Welchen Eindruck dagegen der Einmarsch der deutschen
Truppen machte, dafür dürfte die letzte Nummer des „Impartial
du Rhin" vom 28. September 1870, die wegen ihres sonstigen In=
haltes unterdrückt werden mußte, der unparteiischste Zeuge sein.

Die Zeitung schrieb:

„Ueber die zerbrochenen Waffen hin marschirten die feind=
lichen Truppen, Musik an der Spitze, mit einer Ordnung,
einer Präcision, die man zu bewundern gezwungen ist, trotz
der inneren Empörung und des Widerwillens, von dem in
diesem Augenblicke das Herz jedes Franzosen überfließt.
Keine leichtfertige Prahlerei in dem Benehmen unserer Sieger,
keine verletzenden Demonstrationen, kein provokatorischer Ruf!
Sie freuen sich ihres Triumphes, aber diese Freude haben
sie nur durch ein dreifaches Hurrah beim Passiren des Thores
geäußert und von diesem Moment an eine Zurückhaltung
bewahrt, die man gerechtfertigter Weise anerkennen muß."

Als sich hinter den letzten Nachzüglern die Wogen des nach=
drängenden Publicums, welches seine Aufmerksamkeit zwischen den
abziehenden Verteidigern und den einziehenden deutschen Truppen
geteilt sah, geschlossen hatten, konnte auch das Regiment seinen

Marsch nach seinem Bestimmungsort — dem Kleberplatz — wieder aufnehmen.

Von der Rabenbrücke über den alten Fischmarkt und die Ge= werbslauben war der Fahrdamm mit zerschlagenen und weg= geworfenen Waffen derartig bedeckt, daß es, trotz des Klanges der Musik, nicht möglich war, im Tritt zu bleiben. Auch hier waren alle Fenster bis hinauf zu den Dachluken besetzt; auch hier kämpften Trauer und Neugierde miteinander, und gönnten — trotz vorgehaltener Taschentücher — so manchen Blick dem einziehenden Sieger.

Das sich auf den Straßen drängende Publicum befleißigte sich übrigens — jetzt noch! — namentlich im Vergleich zu den abziehenden Truppen — einer durchaus anständigen, wohl auf Rechnung des Respektes vor dem Sieger zu setzenden Haltung.

Eigentümlich nahmen sich die Blindagen — Unterschlupfe — aus, die man zum Schutze der Passanten an den meisten Häusern angebracht hatte, und die aus starken, im Winkel gegen die äußere Mauer gelehnten Bohlen bestanden, und so einen wenigstens gegen Sprengstücke wirksamen Schutz gewährten.

So gelangten wir endlich — seit dem Passiren des Fischer= thores waren über fünf Viertel Stunden vergangen — auf dem Kleberplatze an, aus dessen damals kahler Mitte, rechts flankirt von dem total eingeäscherten Commandanturgebäude (Aubette), sich das Denkmal des Generals Kleber erhob, dem irgend ein Spaßvogel ein Chassepotgewehr in den rechten Arm gelegt hatte.

Die drei Bataillone des Regiments standen in Linie huf= eisenförmig neben einander und sollten hier weitere Befehle ab= warten, während in der Zwischenzeit die Niederlegung der Waffen und die Abführung der Kriegsgefangenen vor dem Nationalthor in Scene ging.

Die Gewehre wurden zusammengesetzt, doch blieben die Mann= schaften in nächster Nähe ihrer Waffen, da jeden Augenblick über uns verfügt werden konnte.

Wir mochten so eine Stunde gestanden haben, umgeben von einem Schwarm von Gaffern, die infolge der ruhigen Haltung unserer Leute wohl mehr Vertrauen und ihre angeborene Unver...= frorenheit wieder gewonnen haben mochten, und sich nicht nur neugierig und fragelustig um jeden drängten, der gewillt war, Rede und Antwort zu stehen, sondern auch — in einzelnen Exemplaren — das gefährliche Spiel trieben, sich an den fremden Truppen reiben zu wollen, als das plötzlich ertönende Commando: „An die Gewehre!" allem weiteren ein Ende machte, und die stramme Aus= führung dieses und der folgenden Commandos auch die lautesten Schwadroneure zur Ruhe brachte.

Von verschiedenen Seiten der Stadt waren nämlich Meldungen eingelaufen, daß eine nicht unbeträchtliche Anzahl der jeder Zucht baren, größtenteils betrunkenen französischen Soldaten statt, wie befohlen, nach dem Nationalthor zu marschiren, sich in der Stadt zerstreut hätte und eine Gefahr, nicht nur für einzelne deutsche Mannschaften, sondern für die Einwohnerschaft selbst bildete. Zur Verhinderung dieses capitulationswidrigen Benehmens und zur Verhütung gröberer Ausschreitungen sollten daher Patrouillen in Stärke ganzer Compagnieen nach allen Richtungen ausgeschickt werden, mit dem Auftrage, alles, was sich noch in französischer Uniform auf den Straßen zeigte, wenn nötig unter Anwendung von Gewalt, nach dem Nationalthor zu schaffen.

Unserer Compagnie war speciell die Säuberung der Kinder= spielgasse, des Alten Weinmarktes, sowie des Pariser= und Desaix= stadens bis zur Weißturmbrücke übertragen.

Das war in dem langweiligen Einerlei des Wartens wenigstens eine kleine Abwechselung.

Während je ein Halbzug durch die verhältnismäßig leere Kinderspielgasse und den Pariser= und Desaixstaden entlang ge= schickt wurde, marschirte der Rest der Compagnie in der ganzen Breite des Alten Weinmarktes auf und nun ging es mit „Gewehr über“ im Tritt wie ein eiserner Besen die Straße hinunter, alles, was sich vor der Front befand, mit „sanfter Gewalt“ vor sich her schiebend. Was von Uniformträgern rechts oder links ausweichen wollte, wurde mit „Heda, Landsmann“ festgehalten und der Heerde wieder einverleibt, während es dem Civilpublicum frei stand, sich zu verkrümeln, wie und wo es wollte; nur nach rückwärts wurde niemand durchgelassen.

An der Einmündung in die Langgasse gab es eine kleine Stauung, da sich aus dieser Straße, einem Drucke von weiter oben folgend, ein eben solcher Strom von Menschen nach der Brücke zu ergoß, der sich mit unseren „Schutzbefohlenen“ hier kreuzte. Ein leichtes Schieben, wenn nötig auch mit etwas mehr Nachdruck, genügte hier, die Vereinigung beider Ströme zu einem einzigen, wenn auch nicht grade friedlichen Ganzen zu erzielen.

Das Betreten der Brücke, wo wegen Verengung der Passage ein Verlangsamen des Zuges eintreten mußte, gab die willkommene Gelegenheit allen, die noch eine Waffe bei sich hatten, sich der= selben mit theatralischer Pose zu entledigen, sodaß bald ein wahrer Hügel von Chassepotgewehren, Yatagans u. s. w. bis über die Oberfläche des Wassers hervorragte.

Da unsere Aufgabe mit Besetzung des Brückenzugangs von der Langgasse aus erfüllt war und wir keinen weitergehenden

Auftrag hatten, blieben wir müßige Zuschauer dieses für ein Soldatenauge wenig erquicklichen Schauspiels.

Im übrigen hatten sich diese Zeichen des Zerfalls der Disciplin schon lange vor Uebergabe der Stadt bemerkbar gemacht und sind wohl nicht zum mindesten ausschlaggebend auf die Entschlüsse des Commandanten gewesen, die Capitulation anzubieten. Nicht nur hatten Mannschaften der Garnison in Gemeinschaft mit der Hefe der Bevölkerung sich wiederholt am Marodiren beteiligt, sondern man erfuhr auch, daß Soldaten sich bürgerliche Kleidung verschafften, um ihren Gelüsten ungestörter fröhnen und im Moment des Sturmes verschwinden zu können. Ja, der Artilleriedirector Oberst Belu spricht in einem Briefe an den General Uhrich ganz offen: „Von diesen Flüchtlingen von Wörth, von diesen Soldaten, die sich versteckten, um sich zu betrinken und zu stehlen und die schließlich bei der Capitulation ihre Gewehre zerbrachen, deren sie sich nie bedient hatten." (Uhrich, Documents etc. pag. 179. Wagner: Belag. v. Straßburg.)

Unter den abziehenden Truppen, wenn auch an deren Ausschreitungen nicht teilnehmend, so doch teilnahme= und wahrscheinlich auch machtlos, befanden sich, bunt darunter gesprengt, einzelne französische Officiere. Unser Verhältnis zu denselben stand „unter Null", d. h. auf dem Standpuncte völligen Ignorirens, nachdem der von unserer Seite wiederholt in entgegenkommender Weise gemachte Versuch, sich — ähnlich wie 1866 — durch gegenseitig erwiesenen Gruß als Kameraden und Gentlemen, die sich in ehrlichem Kampfe gemessen, erkennen zu geben, ohne jede Erwiderung und scheinbar auch Verständnis geblieben war. Um so mehr mußte ich erstaunen, als ich mich plötzlich von einem älteren Husarencapitän in höflichster Weise begrüßt und angesprochen sah. Wie es sich in unserer nun folgenden, in zwei Sprachen geführten Unterhaltung herausstellte, hatte der betreffende Herr meinen am 2. September vor dem Contades verwundet in Gefangenschaft geratenen, bald darauf wieder ausgewechselten Regimentskameraden kennen gelernt und erkundigte sich nun, da er meine Regimentsnummer erkannte, nach dem Befinden desselben. Nach einigen höflichen Redensarten, wobei sich jeder bemühte, die Sprache des anderen mehr oder weniger zu rabebrechen, trennten sich darauf unsere Wege.

Die allgemein angeordnete Maßregel des „eisernen Besens" schien inzwischen ihre Wirkung gehabt zu haben, denn allmählich wurde der Schwarm der Marodeure immer dünner und dünner, sodaß unter Zurücklassung einer kleineren Abteilung unserer Rückkehr auf den Sammelplatz nichts mehr im Wege stand. Dort angelangt — es mochte gegen 5 Uhr geworden sein — wurde

uns bekannt gemacht, daß das Bataillon in der nächsten Umgebung
des Kleberplatzes Quartiere zu beziehen habe und daß sofort pro
Compagnie ein Officier zu commandiren sei, um die nötigen
Befehle in Empfang zu nehmen. Die Wahl des Compagniechefs fiel auf mich. Nachdem mir
auf dem Plan von Straßburg die — vom Kleberplatz aus ge=
sehen rechte Seite der Gewerbslauben und der Alte Kornmarkt
bis zur Laternengasse für unsere Compagnie zugewiesen war,
machte ich mich mit den Corporalschaftsführern auf den Weg und
verteilte die Häuser je nach Größe und Zahl der Fenster summarisch
unter die Compagnie. Etwanige Differenzen mit den unfreiwilligen
Gastgebern, oder Schwierigkeiten in der Unterbringung der Mann=
schaften die noch speciell auf rücksichtsvolles Benehmen gegenüber
der momentan notleidenden Bevölkerung aufmerksam gemacht wur=
den, sollten mir sofort gemeldet werden. Ich selbst begab mich,
um für die Unterkunft der Officiere zu sorgen, in die — äußer=
lich wenigstens — am meisten versprechenden Häuser unter den
Gewerbslauben.

Es war ein eigentümliches Gefühl, so unaufgefordert in die
Häuser zu dringen und sich in dem vollen Bewußtsein, ein höchst
unerwünschter Besuch, ja gradezu eine Heimsuchung zu sein, zu Gast
zu laden. Erst viel später durch die sich täglich erneuernde Praxis
des Feldkrieges verloren sich diese zarteren Regungen. Einstweilen
waren sie jedoch noch vorhanden, und so zog ich ziemlich schüchtern
die Klingel einer ersten Etage. Ein weibliches Wesen, ob einem
dienstbaren oder höheren Geist angehörend, war wegen der auf
der Treppe herrschenden Dämmerung — es ging auf 6 Uhr nach=
mittags — nicht zu unterscheiden, erschien nach einiger Zeit, ver=
schwand aber mit einem Aufschrei, sobald es meiner Uniform
ansichtig wurde. Nach einem ziemlich lebhaft mit einem unsicht=
baren Jemand geführten Zwiegespräch öffnete sich endlich die
Thüre des Vorplatzes und es erschien ein älterer würdiger Herr,
der mich auf meine Ansprache, daß ich Quartier für einige Officiere
zu machen habe, sehr höflich in ein mit großen Bücherregalen
versehenes Zimmer führte und mir hier weitläufig auseinandersetzte,
daß er „un vieillard", seine Frau krank und absolut kein Platz für
einen oder gar einige Officiere sei.

Was blieb mir als wohlerzogenem Menschen übrig, als mein
Bedauern auszudrücken und um Entschuldigung zu bitten, über=
haupt gestört zu haben?

Die Sache war mir zu peinlich! Sollte ich von Haus zu
Haus, von Etage zu Etage gehen und überall entweder mit den=
selben Redensarten mich abspeisen lassen, oder rücksichtslos — wozu
ich das Recht hatte — den Platz behaupten? Beides, besonders

letzteres, war mir, wenigſtens damals noch, ein unerträglicher Ge=
danke! Ich beauftragte daher einen gewandten Unterofficier, vor=
erſt einmal die von mir ſpeciell bezeichneten Häuſer auf Officier=
Quartiere zu prüfen und mir von dem Befund ſofort Meldung
zu machen, um dann, auf der vorhergegangenen Feſtſtellung fußend,
das Quartier perſönlich in Augenſchein zu nehmen. So warf das
Schickſal den Compagniechef, der ein für allemal erklärt hatte,
mich ſtets zum Quartiergenoſſen zu haben, mich, ſowie einen Reſerve=
officier der Compagnie, in das Haus Rue des grandes Arcades
Nr. 4 zu Monsieur L.

Die Familie, wenn ich ſo ſagen darf, beſtand aus einem älteren
Herrn, Inhaber eines Confectionsgeſchäftes oder dergleichen ganz
in der Nähe, und einer, nicht mehr ganz jungen, aber ſehr ge=
wandten und geſprächigen Dame, die mehr den Eindruck einer
Directrice, als einer Stütze der — überhaupt nicht vorhandenen
oder unſichtbaren — Hausfrau machte. Der alte Hospes war
noch viel zu ſehr geknickt, um überhaupt Einſpruch zu erheben,
zumal auch reichlich Platz für uns vorhanden war; im Gegenteil
ſchien er eher dankbar für den nach jeder Richtung von uns zu=
geſagten Schutz zu ſein, da es mit der öffentlichen Sicherheit nicht
mehr zum Beſten in der Stadt beſtellt geweſen zu ſein ſchien.
So konnte er ſich nicht lobend genug über die Disciplin unſerer
Truppen, die, ohne ſich in der Stadt zu zerſtreuen, ſtundenlang
auf dem Kleberplatz ausgehalten hätten, ausſprechen; dagegen
wiederholte er immer wieder die Frage, ob im Falle eines Sturmes
nicht doch geplündert worden wäre? — eine Beſorgnis, die all=
gemein in der Stadt, auch bei den Behörden geherrſcht haben
ſoll, die uns jedoch, als von Oben gutgeheißene, oder gar ange=
ordnete Maßregel, gradezu komiſch vorkam, ſodaß wir dem
beſorgten Hausherrn mit vollſter Ueberzeugung die Grundloſigkeit
ſeiner Befürchtungen auszureden ſuchten.

Daß es freilich in einer nach Hunderttauſenden zählenden
Armee immer einzelne gab und geben wird, deren verbrecheriſche
Inſtincte bei einer ſolchen Gelegenheit alles für erlaubt gehalten
hätten, unterliegt keinem Zweifel, ſollten wir doch ſelbſt in den
allernächſten Tagen eine dies beſtätigende Erfahrung machen.

Da von unſeren augenblicklich ſelbſt am Notwendigſten Mangel
leidenden Gaſtgebern keine Naturalverpflegung, außer der Lager=
ſtätte, heute zu verlangen war, gingen wir in der mehr als extra=
vaganten Erwartung, für die ziemlich nüchtern verbrachten letzten
zwölf Stunden eine Entſchädigung zu finden, in das benachbarte
„Rote Haus".

Unſere Hoffnungen ſollten ſchnöde getäuſcht werden. Pferde=
fleiſch war das Gerüſt, auf welchem die im übrigen „geſchrieben"

sehr verlockend sich anlassende Speisekarte aufgebaut war, und
was das Schlimmste war, die armen Opfertiere schienen — wie
auch nur zu natürlich — die mageren Tage der Belagerung mit
ihren jeweiligen Herren getreulich geteilt zu haben.

Mit stiller Wehmut gedachten wir der „Rind"fleischtöpfe der
Rupprechtsau, der tüchtigen Schaffnerin, des preußenfeindlichen
„Dienerle"!

Die Hauptsache jedoch, das Getränk, war in ausreichendem
Maße und entsprechender Güte vorhanden und wenn auch die
Preise eine ziemlich schwindelhafte Höhe behaupteten, so war doch
die Gelegenheit bei dem taubenschlagartigen Verkehr mit den
immer wieder neu auftauchenden Kameraden, die man in gemein=
samer Gefahr kennen gelernt, anzustoßen zu verlockend, um vor
einer sehr vorgerückten Stunde an die Heimkehr zu denken.

Endlich, es war schon reichlich spät geworden, standen wir
vor unserer Vorplatzthüre, die uns wie befohlen, von einem der
Burschen geöffnet wurde.

Wer beschreibt aber unser Erstaunen, als wir unseren Quar=
tierwirt in Gesellschaft von Mademoiselle noch auf uns wartend
fanden und uns trotz der Versicherung, bereits des Guten genug
gethan zu haben, noch zum Niedersitzen und einem Glase Wein
nötigend. —

Die Lagerstätte, in einem nach der Brennergasse zu gelegenen
kleinen Zimmer, war sehr gut und gewährte im Bewußtsein der,
seit Wochen wenn auch nicht entbehrten, so doch thatsächlich nicht
vorhandenen, vollkommensten Sicherheit ein Ausruhen auf den
wohlverdienten Lorbeeren, wie es nur der voll zu würdigen ver=
mag, der sich in ähnlicher Lage befunden!

Der folgende Morgen — 29. September — begann mit einem
Appell, wobei der Anzug der Mannschaften in erster Linie nach=
gesehen und den Leuten vor allen Dingen eingeschärft wurde, nie
allein, sondern womöglich nur gesammelt in den Corporalschaften,
auszugehen, da schon am ersten Abend hinterlistige Anfälle auf
vereinzelte deutsche Soldaten vorgekommen sein sollten. Gleich=
zeitig wurden die Leute auf die Sehenswürdigkeiten der Stadt,
wie des Domes u. s. w., aufmerksam gemacht und daran erinnert,
durch gesittetes Betragen dem Rocke, den sie trügen, Ehre zu
machen. —

Dann aber drängte es uns mit Macht nach dem Teile der
Stadt, der so lange sehnsüchtig von uns umworben worden war —
nach der Angriffsfront!

Während am Kleberplatz, außer der völlig zusammengeschossenen
und ausgebrannten Commandantur (Aubette) und der unmittelbar
anliegenden Häuser, deren Schutt noch in wahren Bergen auf der

8

Straße lag, nur verhältnismäßig geringe Spuren der Beschießung zu sehen waren — mehr oder weniger beschädigt waren freilich alle Häuser —, häuften sich die Zeichen der Zerstörung, je näher man dem Broglie kam, in erschreckender Weise. Ganz abgesehen von der ausgebrannten Neuen Kirche, der Bibliothek mit ihren verloren gegangenen unersetzlichen Schätzen, war hauptsächlich die östliche Seite des Broglie ein Trümmerhaufe, dessen Ruinen, je näher man dem Hauptwalle kam, ins Gigantische wuchsen und mit den gespenstisch zum Himmel ragenden, rauchgeschwärzten Resten des Theaters und der Präfektur (Statthalterpalast) ihren Gipfel= punct erreichten.

Ob sie wohl „gekracht haben mag im Bau der Präfectur" die Straßburger Tanne — von der Friedrich Rückert prophetischen Geistes singt —, als sie der Feuerstrom verzehrt, der dem Einzug des „deutschen Fürsten" voraufgehen sollte? .

Von der Theaterbrücke, sowie vom Fußgängersteg aus, deren Einfassung mehrfach von Granaten getroffen worden war, sah man von oben wie in ein Zigeunerlager. Auf dem äußeren Leinpfad des ehemaligen Wallgrabencanals hatten sich Dutzende von Familien, deren Wohnungen zerstört, oder zu gefährdet sein mochten, mit ihren unentbehrlichsten Habseligkeiten angesiedelt. Die Frauen kochten auf kleinen eisernen Oefen im Freien oder gingen ihren sonstigen häuslichen — wenn dieser Ausdruck hier am Platze! — Beschäftigungen nach, während die Kinder am abschüssigen Rande des Wassers spielten, oder sich sonst unnütz machten. Heute, bei herrlichem Wetter und dem Verstummen der Geschütze, ließ sich dieses improvisirte Lager allenfalls ertragen; was mußten die armen Menschen aber unter den Unbilden der Witterung beim Einschlagen der Geschosse, deren Spuren noch überall an der gegenüberliegenden Grabenmauer zu sehen waren, gelitten haben, zumal die künst= lich an der Mauer hergestellten Blindagen, die ähnlich, wie in der mittleren Stadt, aus schräggestellten Brettern und darüber gelegten Sandsäcken bestanden, gegen die Witterung sowohl wie gegen das feindliche Feuer nur einen sehr problematischen Schutz zu gewähren vermocht hatten? Die einigermaßen geschützteren Plätze unter den Brückenbogen schienen am gesuchtesten zu sein, denn hier fanden sich die Lagerstätten in solch chaotischer Dichtig= keit, daß kaum ein Fuß breit Raum für die Passage frei gelassen worden war.

Die Fußgängerbrücke überschreitend, kamen wir zum Juden= thor, das nur durch eine, die ganze Thorpassage bis zum Kreuz= stein des Gewölbes füllende Sandsackbarrikade vor dem Einsturz geschützt wurde. Wir folgten nun dem Hauptwalle — dessen zer= setzte Bäume einen trostlosen Anblick gewährten — in westlicher

Richtung, links begleitet von den Trümmern der Artilleriedirection und den zerstörten Häusern am Schöpflin=Staden, bis wir uns dem eigentlichen Mittelpunct der Vernichtung, dem Steinthor, näherten. Ueberall auf unserem Wege fanden wir längs des Walles höhlenartige Eingrabungen, die, nach außen ebenfalls durch Bretter und Sandsäcke geschützt, der Besatzung der Wälle zum Unter= schlupf gedient haben mochten.

An der Finkmattcaserne, wo sich unser Weg nach rechts drehte, machten wir Halt. Das also war der große Bau, dessen Brand wie eine Riesenfackel uns so oft die Nächte erhellt hatte! Das langgestreckte Gebäude, einst der Zeuge von dem verunglückten Putsch des späteren dritten Napoleon, war ausgebrannt bis zur Schlacke; die noch stehenden Wände von Granaten zerrissen, von der Hitze geborsten, im Inneren wüster, noch rauchender Schutt! Und dahinter erst von der Steinstraße, über die Eisenbahn, das Zaberner Thor, weit hinaus bis zum National=(Weißturm=)Thor, nichts, als der Greuel der Verwüstung. Kein einzelnes Haus auf ganze Straßenlängen überhaupt noch erkennbar; nichts, als ein wirres Durcheinander spitz gegiebelter Wände mit klaffenden, un= regelmäßigen Oeffnungen.

Riesige Schutthaufen lagen bis in die Mitte der Straße, häufig jeden Verkehr hemmend. Dabei brannte es noch an ein Dutzend Stellen, sodaß ein widerlicher, süßlich=brenzlicher Geruch weithin die Luft verdarb

Von der Höhe der von tiefen Löchern durchpflügten Brust= wehrkrone des Bastions 12, die, wie der Hof des Werkes, buch= stäblich von Granaten= und Bombensplittern übersäet war, traten wir auf den Rand der in der linken Face befindlichen Bresche; hier war, ebenso wie in der Bresche in der rechten Face des benachbarten Bastions 11, — der eigentlichen Einbruchstelle für die Sturmcolonnen, denn die Benutzung der Bresche in Bastion 12 war überhaupt nicht beabsichtigt — nach Zerstörung des Mauer= werks die Erde stehen geblieben, die erst unmittelbar vor dem Sturme heruntergeschossen werden sollte.

Wie von gierigen Zähnen zernagt, zeigte sich das von Hunderten von Treffern bedeckte Mauerwerk der Wälle. Ueber den Haupt= wall hinweg sah man die in mäandrischen Windungen durch den Grabenkoffer hinter Lünette 52 — der Koffer hinter Lünette 53 hatte sich als zu schmal erwiesen — bereits bis an das Glacis der Contregarden führenden letzten Arbeiten der Pioniere, die hier selbst nach Erscheinen der weißen Flagge bis zum wirklichen Abschluß der Capitulationsverhandlungen ruhig fort gearbeitet hatten, wenn auch das Geschützfeuer seitens des Belagerers ein= gestellt worden war.

Immerhin wären noch zwei Wassergräben zu überschreiten und die Contregarden 11 bis und 51 zu nehmen gewesen, bevor der Fuß der Bresche erreicht und es damit zum persönlichen Zu= sammenstoß gekommen wäre. — Dem Hauptwalle folgend umwanderten wir die Stadt bis zum Nationalthor (Weißturmthor). So weit das Auge reichte, erstreckte sich links ein einziges Trümmerfeld, da alle für die Werke bestimmten aber zu hoch gehenden Geschosse, besonders in den letzten Stadien des Angriffs, von den unmittelbar hinter dem Wall gelegenen Häusern aufgefangen worden waren, und nach deren Einsturz erneute Opfer gefordert hatten. So war fast der ganze, von der Finkmattcaserne, dem ehmaligen Wall= grabencanal, und der Weißturmstraße begrenzte Raum, mit Aus= nahme einiger weniger Gebäude, unbewohnbar geworden, wodurch sich die Zahl der Obdachlosen auf über 9000 Köpfe erhöht hatte. —

Am Nachmittage besuchten wir das Münster und die Platt= form. Die Besteigung des Turmes selbst war, wegen einer klaffenden Schußverletzung in der steinernen Einfassung, nicht ohne Gefahr, sodaß wir davon Abstand nahmen.

Von oben waren wir Zeugen eines bedauerlichen Vorfalles, wie er sich in den nächsten Tagen noch mehrfach wiederholen sollte.

Die Civilbevölkerung, die sich in den ersten Stunden nach dem Einmarsch, im Gegensatz zu der zügellosen Soldateska, einer aner= kennenswerten Zurückhaltung befleißigt hatte, war, vielleicht er= mutigt durch das maßvolle, jede Herausforderung fast ängstlich vermeidende Auftreten des Siegers, aus ihrer Passivität heraus= getreten, und war von wörtlichen Beleidigungen, die wegen des fremdartigen Dialektes, von unseren Leuten wenigstens, kaum ver= standen wurden, selbst zu thätlichen Angriffen übergegangen. Diese Sprache war allerdings verstanden und derart erwidert worden, daß der Angreifer, wie in dem von uns beobachteten Falle, vom Platze getragen werden mußte.

Man sprach davon, daß, abgesehen von Angriffen mit Messer und Knüttel, nicht nur wiederholt auf deutsche Soldaten geschossen, sondern daß auch ein Mann spurlos verschwunden sei, kurz die durch die lange Belagerung und die schlaffe Handhabung der Polizeigewalt eingerissene Verwilderung der Sitten schien sich nun, nachdem der erste Schrecken vor dem Sieger verschwunden, in Thätlichkeiten gegen den Einzelnen Luft machen zu wollen. Den Mannschaften war daher wiederholt eingeschärft worden, nur in größerer Begleitung auszugehen und namentlich Wirtschaften zu besuchen; bloße wörtliche Injurien sollten überhört, thätliche An= griffe jedoch aufs energischste zurückgewiesen werden.

Zur besseren Aufrechterhaltung der Ordnung war von 9 Uhr abends ab der Schluß sämtlicher Wirtschaften befohlen und für die Angehörigen der deutschen Armee sowohl, wie für die Bürgerschaft jedes Betreten der Straßen nach dieser Zeit verboten. Zuwiederhandelnde sollten rücksichtslos durch die nach allen Richtungen die Stadt durchstreifenden Patrouillen arretirt und auf die Hauptwache in der Mairie gebracht werden.

Wir werden später sehen, zu welch tragikomischen Folgen diese drakonischen, aber durch die Verhältnisse gebotenen Maßregeln führten.

Die deutschen Officiere wurden selbstverständlich von dieser Verfügung nicht berührt, ebenso waren einige größere Gasthöfe ausgenommen. —

Auf den Straßen ging es lebhaft genug zu, denn abgesehen von den dienstfreien Mannschaften der deutschen Besatzung, die sich truppweise in der Stadt vergnügten, waren Scharen von Landleuten herein, auch viele flüchtige Einwohner zurückgekommen, teils um nach dem Ihren und den Ihrigen zu sehen, teils bloß der lieben Neugierde willen. Ja ganz Fremde hatten das Freiwerden der Bahn benutzt, um auf dem Heimwege von der Schweiz noch im Fluge etwas Kriegsromantik zu erhaschen, und dann zu Hause von der „wunderschönen Stadt" erzählen zu können. Dazwischen zeigten sich noch immer französische Uniformen, und zwar waren es die Schüler der Ecole de médecine, die — ausgenommen von der Kriegsgefangenschaft durch die Bestimmungen der Genfer Convention — sich größtenteils auf den Straßen und in den Wirtschaften, einen Spazierstock oder gar einen Entladestock unternehmend in der Hand schwingend, herumtrieben, statt sich ihrem Beruf, der Kranken- und Verwundetenpflege zu widmen. —

Den Abend verbrachten wir in unserem Quartier, wo wir nach dem „Dîner" noch ein Stündchen in Gesellschaft unseres unfreiwilligen Gastgebers bei einem Glase Wein verplauderten. —

Am 30. September hielt der commandirende General des Belagerungscorps, General v. Werder, seinen feierlichen Einzug in die Stadt, welche genau 189 Jahre zuvor, am 30. September 1681, dem ohnmächtigen deutschen Reiche durch Gewaltact Ludwigs XIV. mitten im Frieden entrissen worden war.

In der Thomaskirche, wohin sich der commandirende General inmitten eines glänzenden Gefolges, nach Abnahme der aus allen Truppenteilen des Belagerungscorps combinirten, an der Königshofenerstraße aufgestellten Parade, begeben hatte, hielt der Felddivisionspfarrer Frommel die Predigt. Neben den Deputationen der deutschen Regimenter drängten sich Bürger und Landleute,

Frauen und Kinder, Kopf an Kopf, während die geretteten Hab=
seligkeiten Obdachloser noch in der Kirche in ungeordnetem Haufen
umher standen. Trotz dieser, durchaus nicht feierlichen Umgebung
war der Eindruck der Predigt ein tiefgehender, erhebender. Die
Bedeutung der Stunde war eine so gewaltige, daß sie die Seele
frei machte von beengenden Aeußerlichkeiten, und das Bewußtsein,
Zeuge eines weltgeschichtlichen Actes zu sein, alle Herzen bewegte.

Waren auch die in offener Feldschlacht von den anderen Teilen
der deutschen Armee errungenen Siege größer, und in ihren
Folgen wichtiger, so war es doch etwas anderes noch, als der
militärische Erfolg, der grade bei dem Gedanken an Straßburg,
dem Schmerzenskinde der deutschen Nation, die Seele erfüllte!

Nach dem Gottesdienst blieb für heute das längstersehnte
Ziel der Besuch der Citadelle.

An der schiefgewinkelten Wilhelmskirche vorbei führte uns der
Weg nach dem (alten) botanischen Garten, welcher während der
ganzen Dauer der Belagerung die einzige Begräbnißstätte für die
Garnison und die Bürgerschaft gebildet hatte, da von den drei
Friedhöfen Straßburgs zwei — St. Gallen und St. Helena —
in der Gewalt des Feindes, der dritte, St. Urban, im Ueber=
schwemmungsgebiet sich befanden. Viele hundert Holzkreuze
zeugten von der reichen Ernte, die der Tod in diesen Leidens=
wochen hier gehalten, denn abgesehen von den Opfern, die das
Geschoß des Feindes gefordert, hatte die Sterblichkeitsziffer durch
den Mangel an der gewohnten Nahrung, an Licht und Luft, eine
ganz erschreckende Höhe erreicht.

Dieser Stadtteil hatte, trotz seiner vielen militärfiskalischen
Gebäude, verhältnismäßig wenig gelitten, dagegen boten die
Straßen, je mehr man sich der Citadelle näherte, einen im
höchsten Grade verwahrlosten Anblick. Nicht nur Knochen,
sondern ganze Haufen von Abfällen geschlachteter oder gefallener
Pferde machten das Passiren, besonders der schon an und für
sich wenig anmutigen Esplanadenstraße, zu einem sehr zweifel=
haften Genusse.

Mit der Nähe der Citadelle nahm die Zerstörung wieder zu,
da alle über das eigentliche Ziel hinausgehenden Geschosse, wie
von einem Kugelfang von den zunächst der Esplanade liegenden
Gebäuden, aufgefangen worden waren.

Der Anblick, der sich uns nach Durchschreiten des Französi=
schen Thores bot, war ein gradezu grauenvoller. Hier lag im
strengsten Wortsinne kaum mehr ein Stein auf dem anderen.
Sicherlich war in den westlichen Vorstädten die Zerstörung
eine viel ausgedehntere, aber mit der Gründlichkeit und Gleich=
mäßigkeit, mit der sie sich hier auf engem, scharf begrenztem

Raume dem Beschauer darbot, konnte sich die Steinthorvorstadt doch nicht messen.

Von den Gebäuden, welche den verschiedensten Zwecken gedient hatten, waren kaum noch die früheren Umrisse zu erkennen. Am deutlichsten hob sich noch das am östlichen Rande gelegene Miliär=Arresthaus mit seinen einst weißgetünchten hohen Parallelmauern ab, deren Anblick mir jene französischen Sensationsromane ins Ge=dächtnis zurückrief, wo diese Doppelmauern allerdings stets von dem eingekerkerten Helden glücklich überwunden wurden. Hier hätte man das Entschlüpfen leichter gehabt, waren doch regel=mäßig beide nur ungefähr 10 Fuß von einander entfernte Mauern von einem Geschoß derart durchschlagen worden, daß übermanns=große Oeffnungen entstanden waren. Das Arsenal, die Kirche, die Officierswohnungen und Pavillons waren gleicherweise dem Eisen= und Feuerhagel der Kehler Batterieen zum Opfer gefallen. Eine Fortsetzung des Kampfes nach Erstürmung der Stadt von der Citadelle aus, deren eigentlicher Bestimmung entsprechend, wäre ein aussichtsloses Unterfangen gewesen, waren doch selbst die casemattirten Hohlräume in den Bastionen zerstört und ein Aufenthalt auf der der Stadt zugekehrten Seite des Walles, wegen des Rückenfeuers vom rechten Rheinufer, überhaupt nicht mehr möglich.

Interessant war der Blick vom Walle des „Hornwerks der Grenadiere" nach dem unmittelbar davor liegenden Kloster zum „guten Hirten". Wie auf einem Präsentirteller lagen die Ge=bäude vor dem rings von breiten Wassergräben umgebenen Werk. Deutlich konnte ich die graue Bretterwand erkennen, hinter der ich noch vor kurzem beobachtend gelauscht.

Wie schade, daß unsere Tage in Straßburg voraussichtlich gezählt waren! Welche Fülle von interessanten Streifereien hätte sich hier für uns geboten! Wie herrlich winkte der Schwarzwald herüber und lud zum Besuche ein! Wie war zudem die Brust geschwellt von Friedenshoffnungen, erwarteten wir doch alle — und war es nach dem eben errungenen, unerwartet schnellen Erfolge zu verwundern? — ein baldiges Einstellen der Feindseligkeiten, eine baldige Rückkehr in die Heimat!

Auf dem Rückwege von der Citadelle besuchten wir das Arsenal, wo Hunderte der schwersten Festungsgeschütze, teilweise auf dem Hofe, aufgestellt waren, darunter längst veraltete Modelle, die schon vor Sebastopol mitgewirkt haben mochten, jedenfalls jener Periode ihre Entstehung verdankten.

Von einer ganz frühen Zeit her war mir außer dem „Roten Haus" das „Rebstöck'l" als renommirtes Hotel in der Erinnerung. Zur Vervollständigung unserer Localkenntnisse machten wir uns daher dorthin auf den Weg, der an und für sich nicht leicht zu finden war. Nach einigen Fragen gelangten wir jedoch glücklich an unser Ziel, wo wir selbstverständlich wieder alle Räume und Tische von Kameraden besetzt und uns lebhaft von allen Seiten begrüßt fanden.

In Anbetracht, daß das Bataillon morgen auf Wache kommen und schon um 7½ Uhr morgens auf dem Kleberplatze stehen sollte, brachen wir ziemlich frühzeitig auf und wandten unsere Schritte, da uns dieser Weg bekannter war, durch die Langgasse dem Gutenbergplatze zu.

Infolge der strengen Bestimmungen, deren Notwendigkeit ich schon früher erwähnt, lagen die Straßen wie ausgestorben da, höchstens vernahm man, durch die Entfernung gedämpft, den tactmäßigen Schritt einer Patrouille.

Wie Schnee lag der Mondschein auf den Dächern und umfloß besonders den Turm des Münsters mit solch magischem Licht, daß wir uns noch verleiten ließen, von der Ecke der Krämergasse einen Blick auf den in dieser Beleuchtung grabezu überwältigenden Riesenbau zu werfen. Einem Spitzengewebe gleich hob sich die durchbrochene Arbeit des Turmes gegen den von ungezählten Sternen durchsetzten, schwarzblauen Nachthimmel ab. Ein Anblick, so fesselnd, daß wir uns nur widerstrebend losrissen, als uns die Stimme des Vorgesetzten und väterlichen Freundes zum endlichen Nachhausegehen mahnte.

An der Ecke der Spießgasse angelangt, waren wir eben im Begriff, in die Gewerbslauben einzubiegen, als wir plötzlich einen Schatten von dem Fahrweg aus unter die Arcaden huschen und dort — das Werk eines Augenblicks — verschwinden sahen. Alle Meldungen über versuchte und ausgeführte mörderische Angriffe auf Angehörige der deutschen Armee lebten gedankenschnell in uns auf, aber auch ebenso schnell waren wir beiden jüngeren Officiere dem verdächtigen Schatten in seinen Schlupfwinkel nachgeeilt, um so, einem etwanigen Angriff zuvorkommend, den Vorteil der Initiative uns zu sichern. Unsere Besorgnis war unbegründet, denn, in die Ecke eines vorspringenden Pfeilers gedrückt, wand sich unter unserem „Halt, wer da", unterstützt von einem kräftigen Zupacken, ein nur notdürftig bekleidetes Individuum, das, offenbar mehr tot als lebendig, an alles andere eher, als an einen Angriff auf uns gedacht hatte.

„Wer sind Sie?" „Was wollen Sie?" war unsere gleichzeitige Frage.

„Ach meine Herren, ich bin ja nur der Apotheker aus der Apotheke da drüben; da ist ein Soldat, der will mich totschlagen, und raubt die ganze Casse aus."

„Ach was, Unsinn! wo ist denn das?"

„Grade da drüben", und mit offenbar noch vor Angst zitternden Händen wies er auf einen auf der anderen Seite der Straße befindlichen Laden, aus dessen halbgeöffneter Thüre ein matter Lichtschein auf die Straße fiel.

„Dann kommen Sie mal mit und zeigen Sie uns den Räuber."

„Ach meine Herren, ich getrau mich nicht."

„Unter unserem Schutze können Sie ruhig mitkommen, es wird Ihnen nichts geschehen!"

Wenn wir auch die Mitteilung des verängsteten jungen Mannes, wo nicht für eine Ausgeburt seiner Phantasie, so doch für sehr übertrieben hielten, so kreuzten wir doch möglichst geräuschlos die Straße, um, wenn etwas Wahres an der romantischen Geschichte sein sollte, den Thäter zu überraschen und möglichst auf frischer That zu ertappen.

Auf den Zehen schleichend (der Apotheker blieb im Hintertreffen — um im Falle der Not rechtzeitig Fersengeld geben zu können) näherten wir uns der Thüre des Ladens.

Und richtig! Bei dem matten Schein einer auf der Theke stehenden Kerze erkannten wir deutlich eine Gestalt, die eifrig mit dem Inhalt einer Schublade beschäftigt schien.

Schneller, als ich es zu schildern vermag, befanden wir uns im Innern des Locals und ehe der Thäter — zu unserer Beschämung mußten wir in ihm einen Angehörigen der deutschen Armee erkennen — nur sich besinnen, oder von dem auf dem Ladentisch liegenden, blanken Seitengewehr Gebrauch machen konnte, hatten wir ihn am Kragen und an den Händen gefaßt und dingfest gemacht.

Unser Schutzbefohlener, der nach diesem Erfolg wieder mehr Zutrauen gefaßt, sich aber vorsichtiger Weise erst nach Unschädlichmachung des Missethäters dem Schauplatz des Verbrechens genähert hatte, berichtete nun, daß er, nachdem er durch das Anziehen der Nachtklingel aus dem Schlafe geweckt, ans Fenster geeilt sei, und einen Soldaten vor der Thüre der Apotheke gesehen habe, der auf seine — des Gehilfen — Frage angegeben habe, der Träger eines Receptes für einen Schwerkranken zu sein. Seiner Verpflichtung gemäß, habe er nun geöffnet und den Mann eingelassen. Statt nun ein Recept vorzuzeigen, habe ihn der unheimliche Geselle sofort um eine Gabe gebeten. In seiner Bestürzung habe er sich verleiten lassen, die Casse zu öffnen — da er bei seiner raschen Toilette kein Portemonnaie eingesteckt —, um dem schon etwas dringender gewordenen Ansuchen des Mannes zu entsprechen. Auf diesen Moment schien der freche Mensch ge-

wartet zu haben, denn sobald er die Casse aufgeschlossen, habe
derselbe sein Seitengewehr gezogen und sei mit geschwungener
Waffe auf ihn eingedrungen. Nur durch rasches Bücken — so
fuhr der noch immer vor Angst und Aufregung fast atemlose
Erzähler fort — sei er einem vielleicht töblichen Streiche ent=
gangen und habe nun, selbst ohne jede Waffe, sein Heil in der
Flucht gesucht, wo er glücklicherweise grade uns in die Arme ge=
laufen sei.

Der Verbrecher, den wir in den hinteren Teil des Raumes
gedrängt hatten, um jeden Fluchtversuch im Keime zu ersticken,
hörte scheinbar stumpfsinnig der Schilderung des jungen Mannes
zu und hatte auf unsere Frage, „ob sich alles so verhielte", nichts
als die Antwort:

„Ich bin ä armer Bub, und mein' Mutter hat fünf Bube
im Krieg."

Während nun der Jüngste von uns sich auf den Weg machte,
um eine Patrouille zur Ueberführung des Arretirten zur Haupt=
wache zu holen, nahmen der Compagniechef und ich in einem
kurzen Protocoll den Thatbestand auf, nachdem wir den Mann
gezwungen, seine Taschen auszuleeren, in welchen sich, außer einem
Geldtäschchen mit sehr kargem Inhalt, eine ganze Anzahl Fünf=
frankenstücke und sonstige französische Münzen vorfanden, die der
Apotheker als sein Eigentum bezeichnete.

Der ausgesandte Officier kam nach kürzester Zeit mit einer
Patrouille zurück, die — ein eigentümlicher Zufall! — aus Mann=
schaften desselben Regiments bestand, dem auch der Verbrecher
angehörte. Nach Uebergabe desselben an den Patrouillenführer,
unter kurzer Angabe des Thatbestandes und Aushändigung unserer
Meldung, hatten wir Mühe, den stupide dreinschauenden Kerl vor
der Entrüstung seiner speciellen Landsleute, die sich nicht nur in
Worten, sondern auch in Kolbenstößen Luft zu machen suchte, zu
schützen.

„Du bringst das ganze Regiment in die Schand!" „Du
Sch........" war noch die gelindeste Schmeichelei, die ihm
geboten wurde.

Trotz des qualificirten Geständnisses und der jeden Zweifel
ausschließenden Lage des Falles, brachte es der verstockte Sünder
fertig — wie hier eingeschaltet werden mag —, wahrscheinlich in
der Hoffnung, daß die Wechselfälle des Krieges, wie unsere schrift=
liche Meldung, so auch die lebenden Zeugen des Verbrechens ver=
loren gehen lassen könnten, bei seiner späteren gerichtlichen Ver=
nehmung sich auf den völlig Unbefangenen auf zu spielen und
seine Arretirung, die sich nun einmal nicht aus der Welt schaffen

ließ, als das Werk dreier Officiere darzustellen, für deren Hand=
lungsweise ihm jede Erklärung fehle.

Erst nach längerem Hin= und Herschreiben — wir hatten
längst unseren Marsch nach Südwesten fortgesetzt, der eine von
uns lag bereits an schwerer Wunde darnieder —, gelang es, die
Sache soweit festzustellen, daß unsere gerichtliche zeugeneidliche
Vernehmung in Dijon stattfinden konnte.

Fast genau nach dreizehn Jahren sollte die Erinnerung an
dieses kleine Abenteuer noch einmal in mir aufleben, als ein ge=
heimnisvoller Doppelmord, bei welchem unter ganz gleichem Vor=
wand der Eintritt in eine Apotheke erschlichen wurde, ganz
Straßburg in Aufregung versetzt hatte. Mein dazumal der unter=
suchungführenden Behörde zur Verfügung gestelltes Material,
unter der Annahme, daß der Verbrecher jener Herbstnacht 1870
mit dem unbekannten Mörder identisch sein könnte, hatte lediglich
ein negatives Resultat, ebenso wie ich nie erfahren habe, durch
welche Strafe jener Raub gesühnt wurde.

Begleitet von den Dankesbezeugungen des „geretteten" Apo=
thekers verließen wir, befriedigt von dem Erfolg, den Schauplatz
des nächtlichen Abenteuers, und lenkten unsere Schritte unserem
in nächster Nähe gelegenen Quartier zu.

Am 1. October, vormittags 8 Uhr, lösten wir befohlener
Maßen die in der Mairie auf Hauptwache liegende badische
Compagnie ab. Das Aufziehen und Ablösen der Posten und
Wachen geschah genau in den Formen und mit der Genauigkeit
des Friedensdienstes, nur mit dem einzigen Unterschiede, daß der
sonst so wichtige, unter Umständen folgenschwere Act der Ueber=
gabe des Wachtstuben=Inventars, als Kohlenschaufel, Vollzähligkeit
der Wachtbuchfolien u. s. w., wegen völligen Mangels dieser sonst
so nützlichen Gegenstände sehr rasch und summarisch seine Erledigung
fand, während der Uebergabe des lebenden Inventars — ich
meine die Arrestanten und möchte nicht falsch verstanden werden
— entschieden größere Aufmerksamkeit gewidmet wurde.

Abgesehen von einem an Händen und Füßen gefesselten
Individuum, welches unter dem dringenden Verdachte stand, auf
einen deutschen Unterofficier geschossen zu haben, und zu dessen
Bewachung ein eigener Posten in dem Hauptwachtlocal gestellt
wurde, war eine ganze Anzahl französischer Soldaten eingebracht
worden, die sich bis dahin in der Stadt verborgen gehalten hatten
und sich so der drohenden Kriegsgefangenschaft zu entziehen ge=
dachten. Es war dies eine aus allen Waffengattungen bunt ge=
mischte Gesellschaft und bei der eigentümlichen Zusammensetzung
der Besatzung Straßburgs, die Versprengte von Wörth in sich
aufgenommen hatte, so zu sagen eine Musterkarte der ganzen fran=

zöfischen Armee. Diese Gesellschaft, die alle 24 Stunden an die Commandantur abgeliefert wurde, um nach Rastatt übergeführt zu werden, hatte sich wieder auf ungefähr 50 Köpfe ergänzt und ver= mehrte sich stetig, indem nicht nur jede auf der Straße sich zeigende französische Uniform vom Fleck weg, sondern auch auf Grund ein= gelaufener Meldungen so mancher, der bis dahin durch Anlegen von Civilkleidern die Rolle eines harmlosen Bürgers gespielt, von der Faust der Militärbehörde ergriffen wurde.

Es war nicht ganz leicht, mit dem Völkchen, welches oft genug unter sich in Streit und Zank geriet, auszukommen. Vorsichts= halber wurde jeder Eingelieferte aufs genaueste nach etwanigen Waffen untersucht, um der Möglichkeit ernsterer Ausschreitungen vorzubeugen. Als Unterkunftsraum waren im oberen Stockwerk des rechten Flügels der Mairie einige Zimmer eingerichtet, zu deren Bewachung eine eigene kleine Wache, deren einzelne Posten mit geladenem Gewehr standen, aufgestellt war.

Einige ganz besonders widersetzliche Individuen, ich entsinne mich besonders eines Zuaven, der mit Beißen und Kratzen seinen eigenen Kameraden zu Leibe gegangen war, hatten an Händen und Füßen gebunden und in einen abgetrennten Raum gelegt werden müssen. Leider standen uns nicht die Disciplinarmittel des früheren Commandanten der Citadelle zur Verfügung, der besonders renitente Arrestanten während der heftigsten Beschießung in den Zellen des Militärgefängnisses, auf der dem feindlichen Feuer am meisten ausgesetzten Seite, ja einen Turko im dritten Stockwerk, gebunden an Händen und Füßen, einsperren hatte lassen, weil sich dieser in betrunkenem Zustande damit unterhalten hatte, vom Hauptwall aus auf einen Vorgesetzten zu schießen.*)

Das Wachtlocal für die Mannschaften befand sich in dem Erdgeschoß des nach dem Broglie zu liegenden Hauptgebäudes, während für die Officiere im linken Flügel ein Raum eingerichtet war, der durch einige Polstermöbel, die irgend einem Audienz= zimmer des weitläufigen Baues entnommen sein mochten, auch ein leibliches Unterkommen für die Nacht bot.

Der Tag verging unter häufigem Revidiren der Posten, besonders vor den Arrestantenzimmern, wobei wir auch den Helden unseres letztnächtlichen Abenteuers wieder zu Gesicht bekamen, Besuchen von Bekannten und Durchstreifen des durch die Be= schießung arg mitgenommenen Gebäudes.

Im Hauptsitzungssaale fielen uns vor allem zwei überlebens= große Gemälde Napoleons III. und der Kaiserin Eugenie auf, zu

---

*) Wagner: Belagerung von Straßburg.

deren Entfernung man, nach Erklärung der Republik, wahrschein=
lich noch nicht Zeit gehabt hatte.

Ganz besonders interessant war ein Fund großer Mengen
Briefpapier, am Kopfe mit dem Vordruck „Flottille du Rhin"
versehen, während in der Wirklichkeit von der Rheinflottille nichts
als ein Detachement von ungefähr 50 Köpfen vorhanden war,
nachdem das Erscheinen der badischen Reiter das Hereinbringen
des einzigen Kanonenbootes verhindert hatte.

Am Nachmittage wurden durch ein Commando die französischen
Militärpersonen abgeholt, was bei der Widersetzlichkeit und In=
disciplin derselben nur unter Zuhilfenahme ziemlich energischer
Maßregeln von statten ging. Unsere Leute wurden nicht nur durch
die Renitenz der Gefangenen, sondern ganz besonders dadurch
erbittert, daß ihr in deutscher Gutmütigkeit gemachter Versuch,
sich mit „à gauche" und „à droite" verständlich zu machen, nur
den lauten Hohn und das Nachäffen der zuchtlosen Bande heraus=
gefordert hatte.

Es herrschte jetzt einige Zeit Ruhe in den oberen Stock=
werken, die dazu benutzt wurde, durch von der Stadt gestellte
Arbeiter, die eben geleerten Räume für neuen Besuch instand zu
setzen.

Und dieser sollte denn auch nicht ausbleiben!

Als Erster meldete sich, durch eine Patrouille aus dem Militär=
Arrest überbracht, ein wegen Insubordination mit einem Jahr
Gefängnis bestrafter Spielmann, dessen Strafzeit mit dem heutigen
Tage abgelaufen war, und der sich nach kaum erlangter „Frei=
heit" als Kriegsgefangener zu betrachten hatte.

Der Mann, nach unseren damaligen Größebestimmungen
unter Mindermaß, machte einen höchst drolligen, gnomenhaften
Eindruck, benahm sich aber — mit seinem Geschick scheinbar völlig
ausgesöhnt — ganz manierlich, höchstens schien er sich über die
Einsamkeit seines gegenwärtigen Aufenthaltes zu wundern.

Diese Ruhe und Einsamkeit währte nicht lange, denn in
kurzem sollte die Mairie so reichlichen Besuch erhalten, daß dadurch
ihrem Namen als „Hôtel de ville" alle Ehre gemacht wurde. —

Da ich grade im Begriff war, die Posten zu revidiren,
begleitete ich den ersten Transport nach oben. Als ich mich nach
meinem Spielmann umsehe, finde ich das Local vollständig leer,
den Vogel also ausgeflogen. Vor der Thüre, ebenso wie auf allen
Treppen, standen Posten; das Zimmer lag im zweiten Stockwerk,
die Fenster waren zwar ohne Traillen und hatten auch durch
Granatschüsse einige Erweiterungen erfahren, allein ein Hinunter=
lassen auf den belebten Broglie am hellen lichten Tage hätte sich
doch nicht unbeachtet bewerkstelligen lassen. Trotzdem war der

Raum leer. Da entdeckte schließlich der begleitende Unterofficier den Gesuchten schlafend in einem der großen Wandschränke, bie, wenn auch jedenfalls für andere Zwecke bestimmt, dem sich einsam Fühlenden als behaglichstes buen retiro erschienen sein mochten. — Den reichsten Zuwachs brachten jedoch die Abendstunden, und zwar nicht mehr von Angehörigen der französischen Armee, son= dern von Einwohnern der Stadt selbst, die sich trotz der durch die Zeitungen und durch Anschlag bekannt gemachten Bestim= mungen noch immer nicht an den frühen Zapfenstreich um 9 Uhr gewöhnen konnten oder wollten. Dazu war es heute Samstag, erfahrungsmäßig nächst dem Sonntag derjenige Tag der Woche, an welchem am meisten in Spirituosen gesündigt wird.

Unsere Mannschaften, aus der Friedensgarnison an den denkbar strammsten Wachtdienst gewöhnt, brachten daher ganze Scharen solcher Ausbleiber ein, daß schließlich selbst die weit= läufigen Räume der Mairie nicht mehr für deren Aufnahme aus= reichten.

Ehrsame Bürger mit ihren Frauen, die sich verspätet haben mochten, wurden in buntem Gemisch mit weniger zweifellosen Elementen vor unser Forum geführt. Das Mißliche dabei war, da man doch nicht alle unterzubringen vermochte, weniger die Entscheidung über größeres oder geringeres Verschulden, sondern der Umstand, daß man genötigt war, die mit einer Mahnung Entlassenen auch wieder durch eine Patrouille nach Hause bringen zu lassen, wollte man nicht Gefahr laufen, die eben erst Fort= geschickten von einer zweiten Patrouille wieder angebracht zu sehen.

Für die aufgegriffenen Vertreterinnen des schönen Geschlechts, welchen man ohne Gewissensskrupel ein freies Logis anbieten konnte, mußte selbstverständlich ein besonderes Gelaß reservirt werden. Ebenso kam alles, was französische Uniform trug, in das Militär=Arrestlocal im oberen Stockwerk. Schwieriger war die Unterbringung der übrigen männlichen Individuen, die sich zum Teil in einer so herausfordernden Weise benahmen, daß schärfere Mittel sehr angebracht gewesen wären. Für derartigen Besuch, der zum Teil, und grade die besser Gekleideten in erster Linie, in der insolentesten Weise seine Freilassung verlangte, ergab sich aus dem übermäßigen Andrange von selbst das Correctiv.

Während die Arretirten anfangs, je nach dem äußeren Ein= druck, in verschiedenen Localen untergebracht worden waren, mußte bald von dieser Differenzirung Abstand genommen werden und lediglich der Grad der Trunkenheit und Dreistigkeit als Berech= tigung, nach Nr. 1, 2 oder 3 — der „Wolfsschlucht“, wie sie sehr bald bei den Leuten hieß — geführt zu werden, ausschlag= gebend sein.

Man denke sich die Situation! Von einer Patrouille von
drei bis fünf Mann escortirt, erscheint eine mehr als gemischte
Gesellschaft vor dem Richterstuhl des wachthabenden Compagnie=
chefs. Wer sich anständig benimmt und eine annehmbare Ent=
schuldigung für seine Ueberschreitung der bekannten Vorschriften
anzugeben weiß, wird, sobald der führende Unterofficier oder
Gefreite dies bestätigt, zurückgestellt, um sich einer nächsten Patrouille
anschließen zu dürfen. Der Rest — die Mehrzahl natürlich —
wird nach kurzem Blick summarisch sortirt Nr. 1, 2 — Wolfsschlucht!

Daß diese ganze Procedur, die bis in die späte Nacht hinein
dauerte, den sonst so eintönigen Wachtdienst, namentlich für die
Mannschaften, in höchst belustigender Weise unterbrach, braucht
wohl nicht besonders hervorgehoben zu werden.

Während wir in einer ruhigeren halben Stunde unser von
der Stadt geliefertes Abendbrot verzehrten, wurde durch eine eben
ankommende Patrouille eine Karte überbracht, die einer der Arre=
tirten für den „commandirenden Officier" der Hauptwache herein=
geschickt hatte. Da wir vorher schon wiederholt durch das ebenso
stürmische wie ungerechtfertigte Aufbegehren einiger bereits „clas=
sificirter" Schreier behelligt worden waren, so wurde auch diese
Karte, als vermutlich ähnlichen Prätensionen entsprungen, nicht
sonderlich beachtet. Bei näherem Hinsehen entdeckten wir jedoch
nicht nur deutsche Schriftzüge, sondern auch den Namen und die
Charge eines österreichischen Officiers.

Dieser Herr, dessen ganzes Auftreten und Aeußeres auf den
ersten Blick den gebildeten Mann und seine Zugehörigkeit zur
besten Gesellschaft erkennen ließ, war erst vor wenigen Stunden
in Begleitung seiner Frau und und einer zweiten Dame, von der
Schweiz kommend, hier eingetroffen, und im „Roten Haus" ab=
gestiegen. Ohne Kenntnis und Ahnung der militärpolizeilichen
Anordnung, wollte er sich nach dem Abendbrot noch einen Moment
vor dem Hotel ergehen, als er angesichts seiner Angehörigen, die
glücklicher Weise noch in der Einfahrt des Hotels standen, von
einer Patrouille ergriffen, und trotz seiner Beteuerung, ganz fremd
zu sein, mit zur Hauptwache geschleppt wurde.

Da der Patrouillenführer diese Aussagen voll bestätigte,
wurde der betreffende Herr, der als Officier den besonderen Ver=
hältnissen vollkommen Rechnung trug und sich nur wegen seiner
Damen beunruhigte, sofort unter sicherem Geleit nach seinem Hotel
zurückgesendet, nachdem wir uns in höflichster Weise von einander
verabschiedet hatten.

Trotz der eigentlich friedlichen Verhältnisse, in welchem wir
uns befanden, war die Nacht eine der unruhigsten, die wir bis
jetzt durchgemacht. Das fortwährende Kommen und Gehen der

Patrouillen, die ewigen Anfragen, was da oder dort geschehen solle, schreckten den eben Eingeschlummerten immer wieder auf, sobaß wir das Anbrechen des Tages, womit die eigentliche Berechtigung zum Schlafen von selbst aufhörte, mit Freuden begrüßten. Nach gründlicher Toilette wurde der städtische café au lait aus den ominösen Becken geschlürft und dann ging es an das Entlassen der dem Zivilstande angehörigen Arrestanten. Der Weg zur Freiheit führte über die nach dem Broglie gelegene Doppeltreppe, wo nun alles Revue passiren oder, besser gesagt, vor den Augen der Wachtmannschaft und einer sich rasch vor der Mairie sammelnden Menge Spießruten laufen mußte.

Das harte Lager und die natürliche Reaction der durch Alkohol überreizten Nerven hatten so manchen in den langen Nachtstunden, wenn auch nicht zur inneren Einkehr, so doch dazu gebracht, dem lauten, jegliche Autorität verachtenden Einzuge einen ganz bescheidenen, kleinmütigen Auszug folgen zu lassen. Wie sahen allerdings auch manche dieser gestern noch so vorlauten Gesellen aus: eingetriebene Hüte, zerknitterte Wäsche, bestaubte und beschmutzte Kleider, alles zeugte von der erzieherischen Wirkung der „Wolfsschlucht".

Wenn auch von Seiten unserer Rheinländer manches, nur durch die Anwesenheit der Officiere gedämpfte Witzwort fiel, so hatte sich doch der vor der Mairie versammelte S. P. Q. A. keinerlei Hemmschuh bei der Aeußerung seiner Gefühle aufzuerlegen. Jede nur einigermaßen auffallende Erscheinung wurde daher mit einem wahren Hagel mehr oder minder passender Bemerkungen begrüßt. Schade nur, daß uns dazumal das Verständnis für das echte Elsässer Ditsch noch so vollständig abging, daß der größte Teil jener Sarkasmen für uns unverständlich blieb! —

Als wir um die Mittagsstunde abgelöst wurden, erregte die Bekanntgebung des Befehls, daß wir am folgenden Tage Straßburg verlassen und nach Reichstett ins Quartier kommen sollten, allgemeines Bedauern. In Straßburg, wo es uns je länger, je besser gefiel, hätten wir, wie man damals scherzhaft zu sagen pflegte, ganz gut „das Ende des Krieges abwarten" können. Jetzt, nachdem man die Annehmlichkeiten der großen Stadt wieder einmal gekostet und auch noch verwöhnt von dem Aufenthalt in der Ruprechtsau, erregte der Gedanke, wieder in die, noch dazu schon bekannten, also auch des Reizes der Neuheit entbehrenden, Bauernquartiere zu kommen, einen gelinden Schauder. Zudem hatte man sich den trügerischen Hoffnungen hinsichtlich eines baldigen Friedensschlusses hingegeben, da man der französischen Nation weder eine solche Verblendung, einen aussichtslosen Krieg weiter zu führen, noch auch eine so energisch sich bethätigende Vaterlandsliebe zugetraut hatte.

Da jedoch der Hauptreiz des Soldatenlebens im Felde, in der Abwechslung, in dem Gegensatz von heute zu morgen beruht, so nahmen auch wir die Sache nicht weiter tragisch und suchten von dem „heute" noch so viel zu kosten, wie möglich war.

Und dazu bot sich Gelegenheit genug!

Der Sonntag, der erste seit Uebergabe der Stadt, hatte ganze Scharen von Landleuten, von nah und fern, vom rechten wie vom linken Rheinufer, in die so lange verschlossene Stadt gebracht, die nun in ihren malerischen, uns unbekannten, aber doch nicht fremd anmutenden Trachten alle Märkte und Straßen füllten. Es war wie eine Völkerwanderung, die sich über die Stadt ergossen, in welcher der deutsche Soldat und Officier der Gegenstand der Neugierde, und, was wenigstens die alten Stammesgenossen vom rechten Rheinufer betraf, auch entgegenkommenden freundlichen Grußes war.

Auch in unserem Quartier fanden wir Besuch von jenseits des Rheines, die Eltern der dienenden Maid, die sich nach dem Ergehen der Tochter und der Herrschaft erkundigen wollten, und bei der Nachhausefahrt meine entbehrlich gewordene Sommergarderobe, ein Stückchen Sandstein vom Münster, sowie einige Granatsplitter zur Aufgabe an der Post in Kork mitnahmen, denn trotz unseres feststehenden Aufenthaltsortes brauchten die durch den Truppenteil der Feldpost übergebenen Briefe noch immer mindestens fünf bis sechs Tage in die Heimat, während die Expedition auf badischer Seite kaum länger wie in Friedenszeiten dauerte. —

Wir nahmen schon am Abend Abschied von unserem Gastgeber wider Willen, da wir den alten Herrn, zu dem wir in ein ganz freundschaftliches Verhältnis getreten waren, durch unseren frühen Aufbruch nicht stören wollten. Ebenso freundlich erfolgte dann am Morgen des 3. October unser Abschied von Mademoiselle und schließlich auch von der Stadt selbst, die, als wir sie durch das Zaberner Thor verließen, trotz aller schweren Wunden, wie vergoldet von den Strahlen der Herbstsonne, einer verheißungsvollen Zukunft entgegen zu lachen schien.

Als wir das Feld unserer wochenlangen Thätigkeit passirten, war man schon beschäftigt, die Laufgräben und Batterieen wieder einzuebnen und der friedlichen Thätigkeit zurück zu geben.

Auch wir standen vor einem neuen Abschnitt! Und wenn auch für uns der ernstere und blutigere Teil des Feldzuges, zu dem Straßburgs Wiedergewinnung gewissermaßen nur das Vorspiel bildete, noch vor uns lag, so waren doch diese letzten Wochen so reich an Erfahrungen und Erfolgen, zugleich umwoben von dem Zauber, der von Straßburgs Namen ausging, daß ich grade diese Erinnerung um keinen noch so hohen Preis missen möchte!